世界轻武器

WORLD SMALL ARMS

罗 兴 编著

手枪 机枪 冲锋枪 霰弹枪

吉林美术出版社 | 全国百佳图书出版单位

12
12

前 言

轻武器（Small Arms），也称“小型武器”，是一种供步兵及其班组在作战中使用的武器，通常包括手枪、冲锋枪、步枪、机枪、榴弹发射器以及火箭筒等。轻武器的概念在热兵器诞生后逐渐成型，并根据作战需求不断发展，形成了一个独立的武器体系。

翻开历史，轻武器曾在战争史中担任重要角色，比如早期线列步兵战术中步枪的使用，再到第一次世界大战中以机枪火力为主构建的堑壕战，及为了突破堑壕而诞生的霰弹枪、冲锋枪。直到第二次世界大战时期对手动步枪进行升级而诞生的半自动步枪与自动步枪，以及为步兵提供面火力杀伤的榴弹发射器与火箭筒。

今天，尽管战争的模式不断变换，但各类轻武器仍活跃在特定的战场中，例如反恐作战、特种作战等。如今的轻武器发展主要呈现出模块化、扩展化与系列化的特点，并将信息技术与单兵装备充分整合，以提高士兵的战场信息感知与传输能力、战场机动能力、战场生存能力。

目 录

手枪

转轮手枪

柯尔特 M1851 海军型转轮手枪

柯尔特 M1851 海军型转轮手枪由塞缪尔·柯尔特于 1847 年至 1850 年设计。这是一款单动结构火帽式点火的转轮手枪。柯尔特 M1851 海军型转轮手枪的枪管采用线膛设计，是最早使用线膛枪管的手枪，枪管内铭刻的膛线能够使枪弹在击发后快速旋转，以提升枪弹的初速与精度。

口　　径：	9.14 毫米
全枪长度：	330.2 毫米
空枪重量：	1.2 千克
弹巢容量：	6 发
产　　地：	美国

●柯尔特 M1851 海军型转轮手枪主要装备 19 世纪中叶的美国海军、陆军，在美国南北战争期间被广泛使用。在游戏作品《荒野大镖客：救赎 2》中，以柯尔特 M1851 海军型转轮手枪为原型设计的“海军左轮手枪”受到了玩家们的广泛喜爱。

雷明顿 M1858 转轮手枪

美国南北战争期间，柯尔特公司的工厂失火导致双方士兵无法再装备柯尔特 1860 陆军型转轮手枪。于是数量庞大的雷明顿 M1858 转轮手枪作为替代品被带到了战场上，成为继柯尔特转轮手枪之后最流行的转轮手枪，同时也是美国陆军订购的最后一款火帽式转轮手枪。

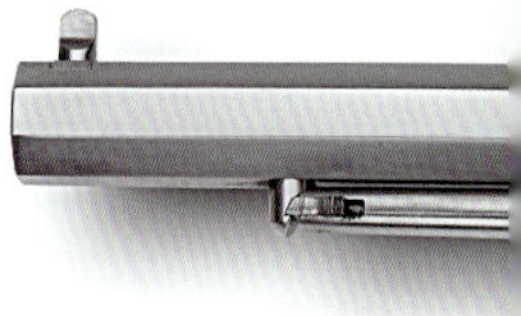

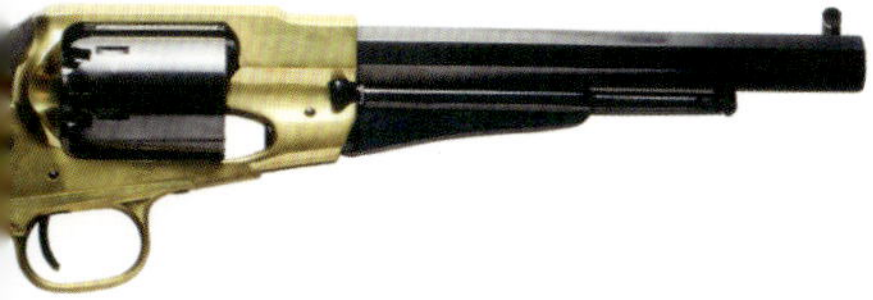

口　　径：	11.18 毫米
全枪长度：	337 毫米
空枪重量：	1.27 千克
弹巢容量：	6 发
产　　地：	美国

柯尔特 M1873 转轮手枪

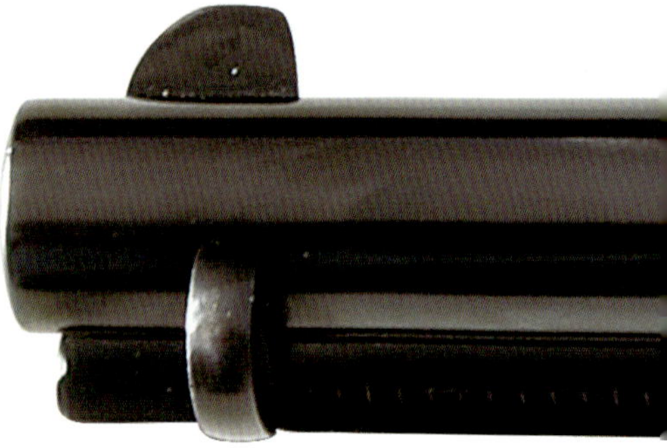

柯尔特 M1873 转轮手枪也称“柯尔特和平缔造者转轮手枪”，是美国陆军于 1873 年至 1892 年装备的制式转轮手枪型号。柯尔特 M1873 转轮手枪采用单动发射机构设计，整体具有弹膛密闭性良好、安全系数高及结构简单的优点，是 19 世纪下半叶美国人使用最普遍的转轮手枪之一。

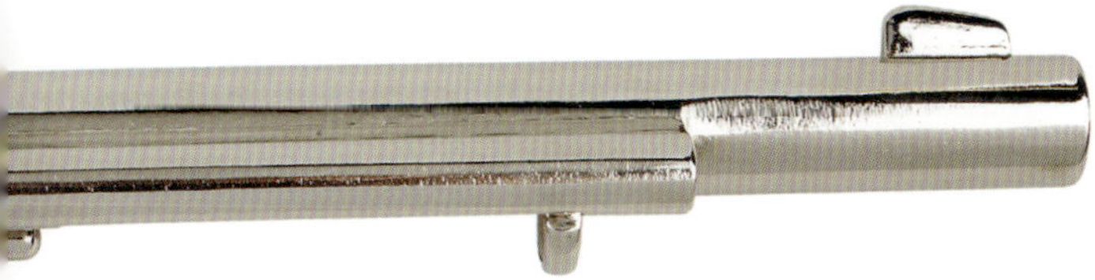

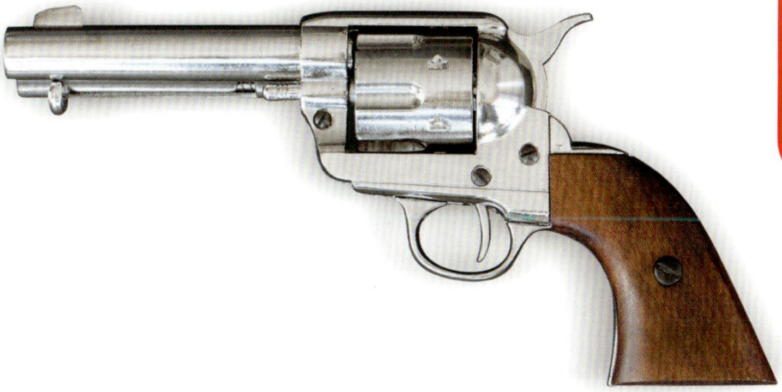

弹　　种： 0.45 英寸柯尔特凸缘弹
全枪长度： 279 毫米
空枪重量： 1.05 千克
弹巢容量： 6 发
产　　地： 美国

加瑟 M1870 转轮手枪

加瑟 M1870 转轮手枪由奥地利枪械设计师奥波德·加瑟设计。这款转轮手枪于 1870 年被奥匈帝国海军、陆军装备，作为制式手枪使用。为了能够使用大口径的枪弹，加瑟 M1870 转轮手枪被设计得“体积”巨大。

口　　径：	11 毫米
全枪长度：	324 毫米
空枪重量：	1.47 千克
弹巢容量：	6 发
产　　地：	奥匈帝国

加瑟 M1870 转轮手枪结构独特，既不是中折式设计，也没有采用常见的转轮旋出式设计，而是通过转轮座后上方的固定式螺杆与枪管组件进行连接，将转轮弹巢固定在转轮座中。在装弹时，射手拔下活门式盖板，即可向弹巢内装弹。子弹击发后，射手则可使用枪管右下方的退壳杆将弹壳退出。

纳甘 M1895 转轮手枪

19 世纪 90 年代，比利时枪械设计师莱昂·纳甘为俄国研制了一款双动密闭式转轮手枪。由于这款转轮手枪于 1895 年定型，因此被命名为“纳甘 M1895 转轮手枪”，并于同年装备俄国军队。

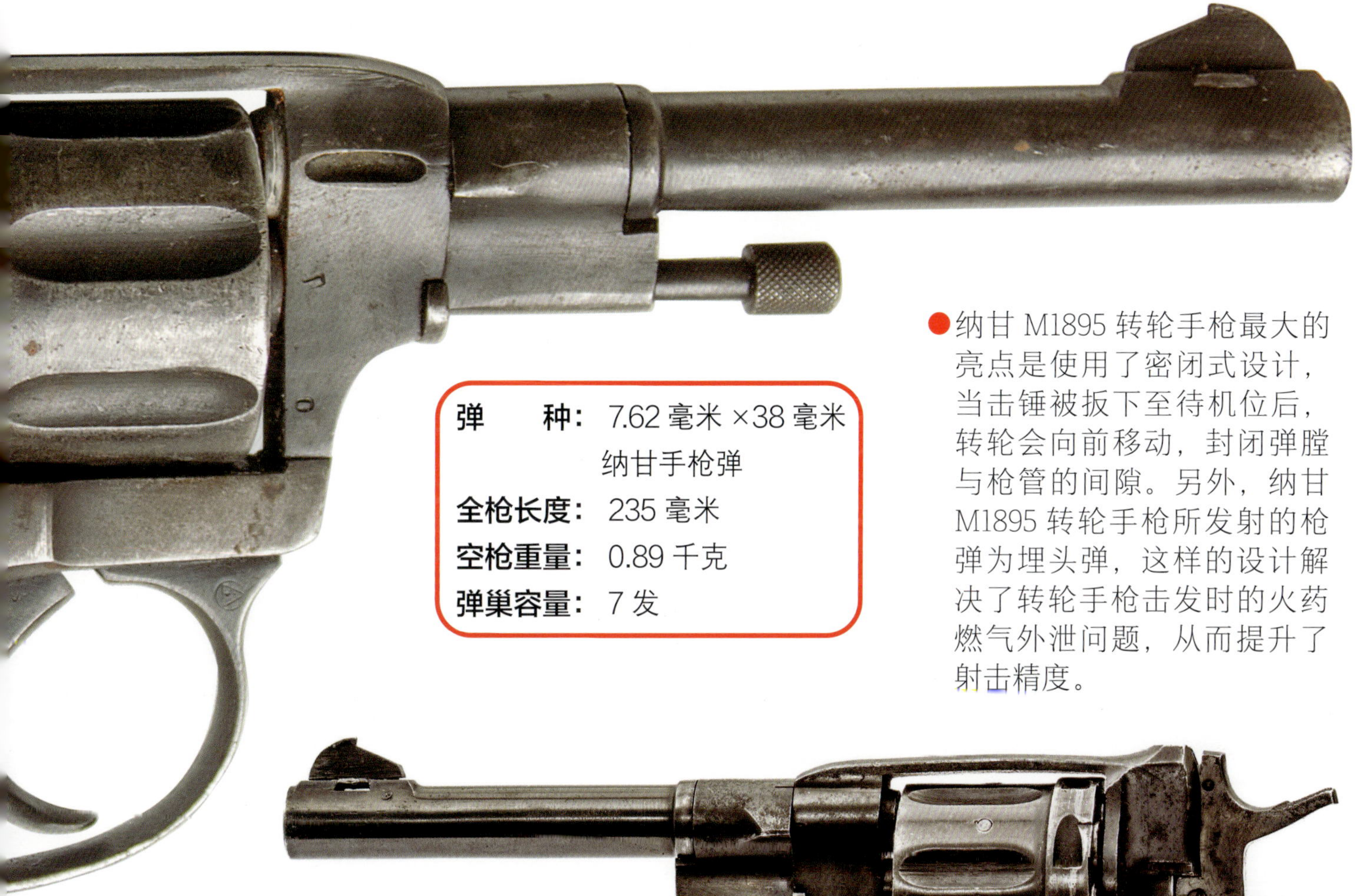

弹　　种：	7.62 毫米 ×38 毫米纳甘手枪弹
全枪长度：	235 毫米
空枪重量：	0.89 千克
弹巢容量：	7 发

●纳甘 M1895 转轮手枪最大的亮点是使用了密闭式设计，当击锤被扳下至待机位后，转轮会向前移动，封闭弹膛与枪管的间隙。另外，纳甘 M1895 转轮手枪所发射的枪弹为埋头弹，这样的设计解决了转轮手枪击发时的火药燃气外泄问题，从而提升了射击精度。

●凡事有得必有失，双动密闭设计的纳甘 M1895 转轮手枪解决了转轮手枪在射击时普遍的火药燃气外泄问题，但也造成了在换弹时只能逐发装填、射击后逐发退弹的“短板”，火力持续性较差。

韦伯利转轮手枪

韦伯利转轮手枪由英国韦伯利－斯科特公司生产，原型枪经多次改进。1915年，韦伯利 MK VI 转轮手枪被英国军队采用作为制式手枪。韦伯利 MK VI 转轮手枪采用中折式设计，当射手打开转轮座时，转轮内部的星形退壳器会自动将弹巢内部的弹壳或枪弹弹出，而重新装填则可以通过两个半月夹来完成，使用方便且操作可靠。

●韦伯利 MK VI 转轮手枪所发射的 0.455 英寸韦伯利转轮手枪弹在有效射程内有着不错的侵彻力与停止作用，但英军对于这款转轮手枪的射程并不满意，在英军内部曾流传这样一句话：“如果你能用韦伯利转轮手枪射杀 50 码（约 45 米）的目标，那我保证你一定能用李－恩菲尔德射杀 800 码（约 731 米）的目标。”

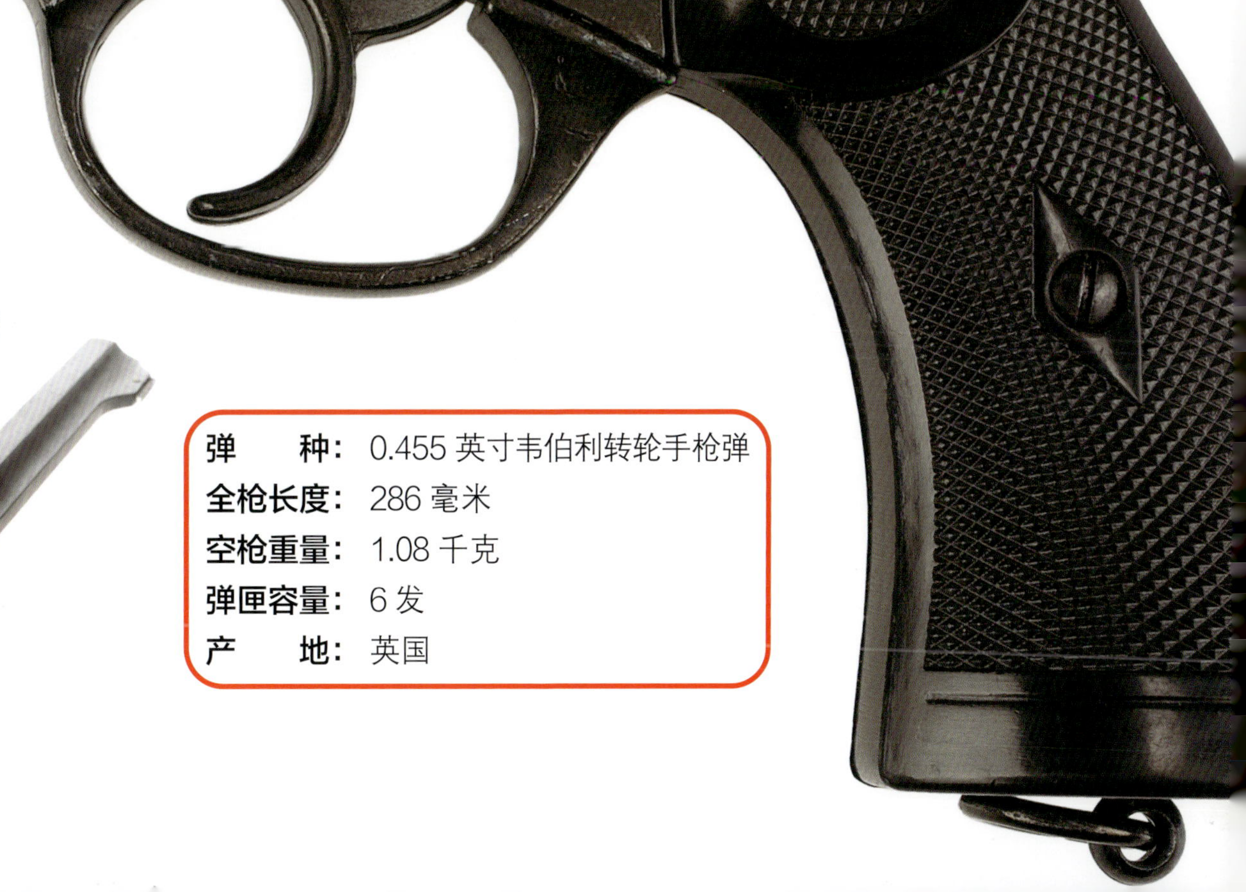

弹　　种： 0.455 英寸韦伯利转轮手枪弹
全枪长度： 286 毫米
空枪重量： 1.08 千克
弹匣容量： 6 发
产　　地： 英国

MR-73 转轮手枪

MR-73 转轮手枪是法国马特拉防卫（Matra Defense）公司于 1973 年研发生产的一款转轮手枪型号。这款转轮手枪采用双动扳机结构，能够在击锤处于非待击位置的时候，通过扣动扳机联动击锤而击发弹巢内的枪弹。由于采用钢制结构，且枪管经冷锻制成，MR-73 转轮手枪有着出色的精度及使用寿命。

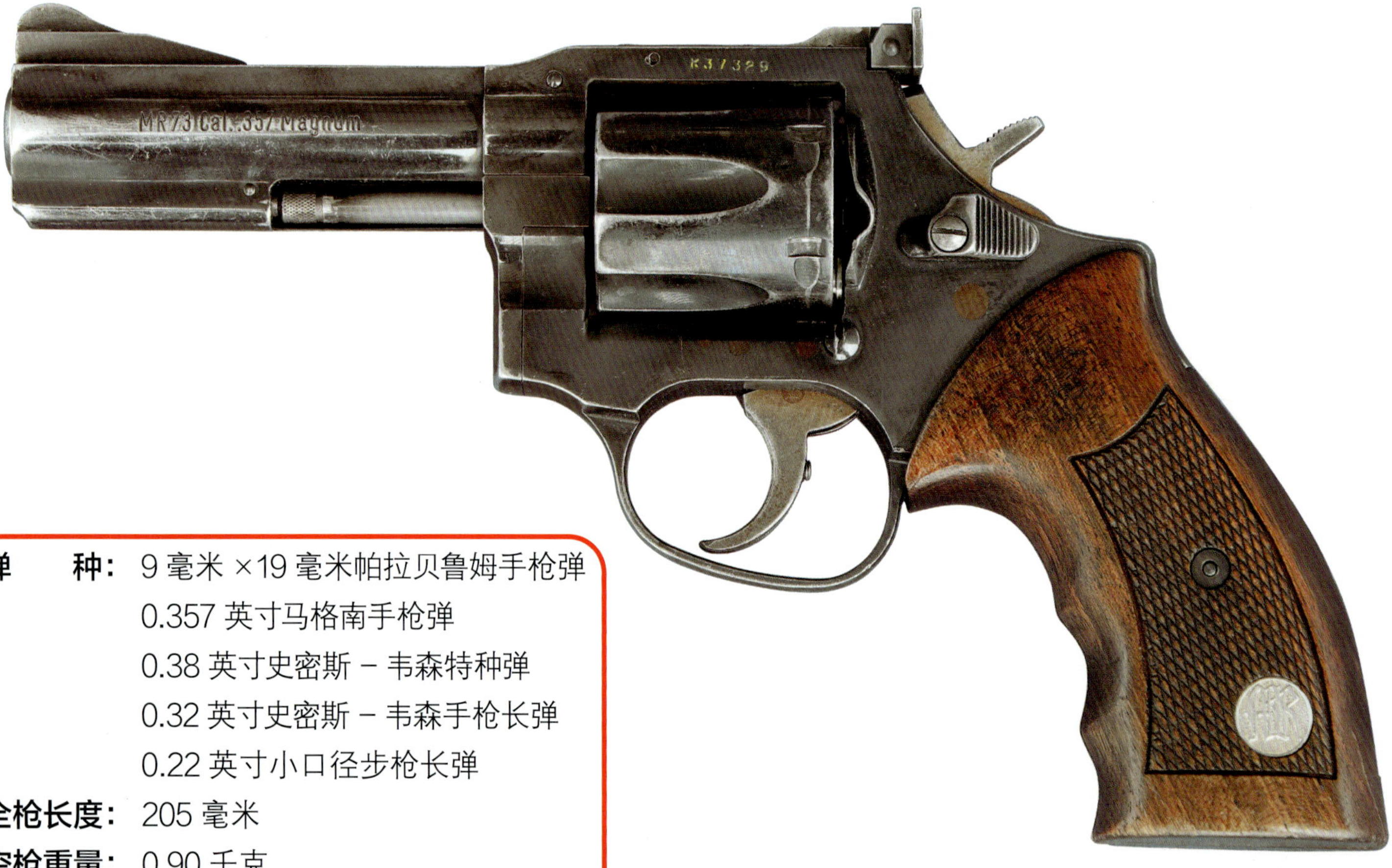

弹　　种： 9 毫米 ×19 毫米帕拉贝鲁姆手枪弹
0.357 英寸马格南手枪弹
0.38 英寸史密斯 – 韦森特种弹
0.32 英寸史密斯 – 韦森手枪长弹
0.22 英寸小口径步枪长弹
全枪长度： 205 毫米
空枪重量： 0.90 千克
弹巢容量： 6 发
产　　地： 法国

152.4 毫米枪管型

弹　　种： 0.357 英寸马格南手枪弹
0.38 英寸特种弹
全枪长度： 279 毫米
机械瞄具： 缺口式照门、片状准星
弹巢容量： 6 发
产　　地： 美国

柯尔特“眼镜王蛇”转轮手枪

柯尔特“眼镜王蛇”（Colt King Cobra）转轮手枪是美国柯尔特公司在 1986 年推出的转轮手枪型号。这款转轮手枪的枪管长度各有不同，有枪管长为101.6毫米的4英寸型、枪管长152.4毫米的6英寸型，以及枪管长 63.5 毫米的 2.5 英寸型等等。柯尔特“眼镜王蛇”转轮手枪可靠性强，火力强大，主要应用于个人防卫、运动射击与野外狩猎。

鲁格 SP101 转轮手枪

鲁格 SP101 转轮手枪是美国斯特姆－鲁格公司（Sturm, Ruger & Company, Inc.）于1989 年推出的一系列双动转轮手枪型号。鲁格 SP101 转轮手枪采用不锈钢制成，枪身通体银白，具备一定观赏性。这款转轮手枪具有多种口径及不同长度的枪管，适合用于个人防卫、运动射击与野外狩猎等不同场合与活动。

弹　　种：	9 毫米 ×19 毫米 帕拉贝鲁姆手枪弹（弹容量 5 发） 0.357 英寸马格南手枪弹 （弹容量 5 发） 0.38 英寸特种弹 （弹容量 5 发） 0.32 英寸 H&R 马格南手枪弹 （ 弹容量 6 发 ） 0.327 英寸联邦马格南手枪弹 （ 弹容量 6 发 ） 0.22 英寸小口径步枪长弹 （ 弹容量 8 发 ）
有效射程：	30~50 米
产　　地：	美国

自动装填手枪

毛瑟 C96 手枪

毛瑟 C96 手枪是德国毛瑟·雷夫兵工厂于 1896 年生产的一款半自动手枪型号。与同时期转轮手枪相比，这款手枪有着出色的火力持续性。毛瑟 C96 手枪采用枪管短后坐自动工作原理，通过固定弹仓进行供弹。在使用时，毛瑟 C96 手枪能够通过驳接木质枪盒而获得一个枪托，让射手能够抵肩射击，使射击精度得到有效提升。

● 毛瑟 C96 手枪产于德国，但欧洲人对于这款手枪并不感冒，而当时在千里之外的中国却对毛瑟 C96 手枪情有独钟。抗日战争中，由于毛瑟 C96 手枪的可靠性胜过南部十四式手枪，火力持续性也优于三八式步枪，因此成为中国抗日军民手中的近战利器。

弹　　种： 7.63 毫米 ×25 毫米毛瑟手枪弹
9 毫米 ×19 毫米帕拉贝鲁姆手枪弹
全枪长度： 321 毫米
空枪重量： 1.13 千克
弹仓容量： 10 发
产　　地： 德国

卢格 P08 手枪

卢格 P08 手枪是枪械设计师乔治·卢格在 1900 年以博查特 C93 手枪为蓝本改进而成的手枪型号。这款手枪被当时的瑞典、德国军队采用，是世界上第一支军用制式半自动手枪。卢格 P08 手枪采用枪管短后坐式自动工作原理、肘节式闭锁机构，使用可拆卸弹匣、弹鼓进行供弹，使用方便且操作可靠。当然，作为一支军用手枪，卢格 P08 手枪存在零部件较多、生产工艺复杂等短板，而繁多的零部件与复杂的生产工艺也增加了生产成本，不利于大量装备。因此，20 世纪 30 年代，德军决定使用瓦尔特 P38 手枪来替代卢格 P08 手枪。

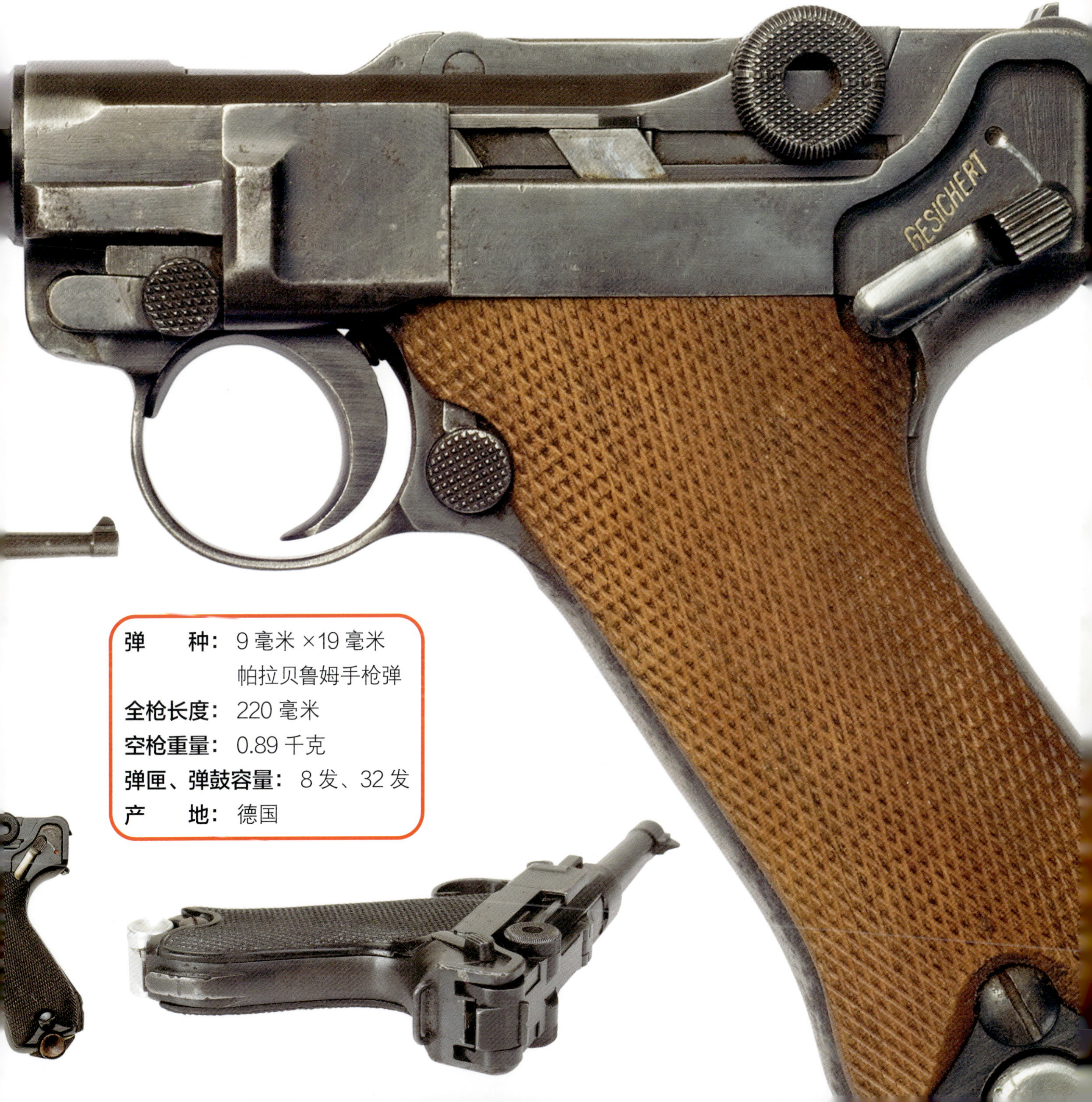

弹　　种： 9 毫米 ×19 毫米帕拉贝鲁姆手枪弹
全枪长度： 220 毫米
空枪重量： 0.89 千克
弹匣、弹鼓容量： 8 发、32 发
产　　地： 德国

斯太尔 M1912 手枪

斯太尔 M1912 手枪是奥地利斯太尔公司在 1912 年推出的一款半自动手枪型号。这款手枪采用枪管短后坐式自动工作原理、枪管旋转式闭锁结构，通过枪弹发射后产生的火药燃气完成后坐、开锁、抽壳、抛壳、压倒击锤、复进、推弹入膛、闭锁等动作。斯太尔 M1912 手枪射击时枪口初速为每秒 341 米。该枪通过握把内部的固定弹仓进行供弹，使用桥夹进行装弹，机械瞄具由缺口式照门和片状准星组成。

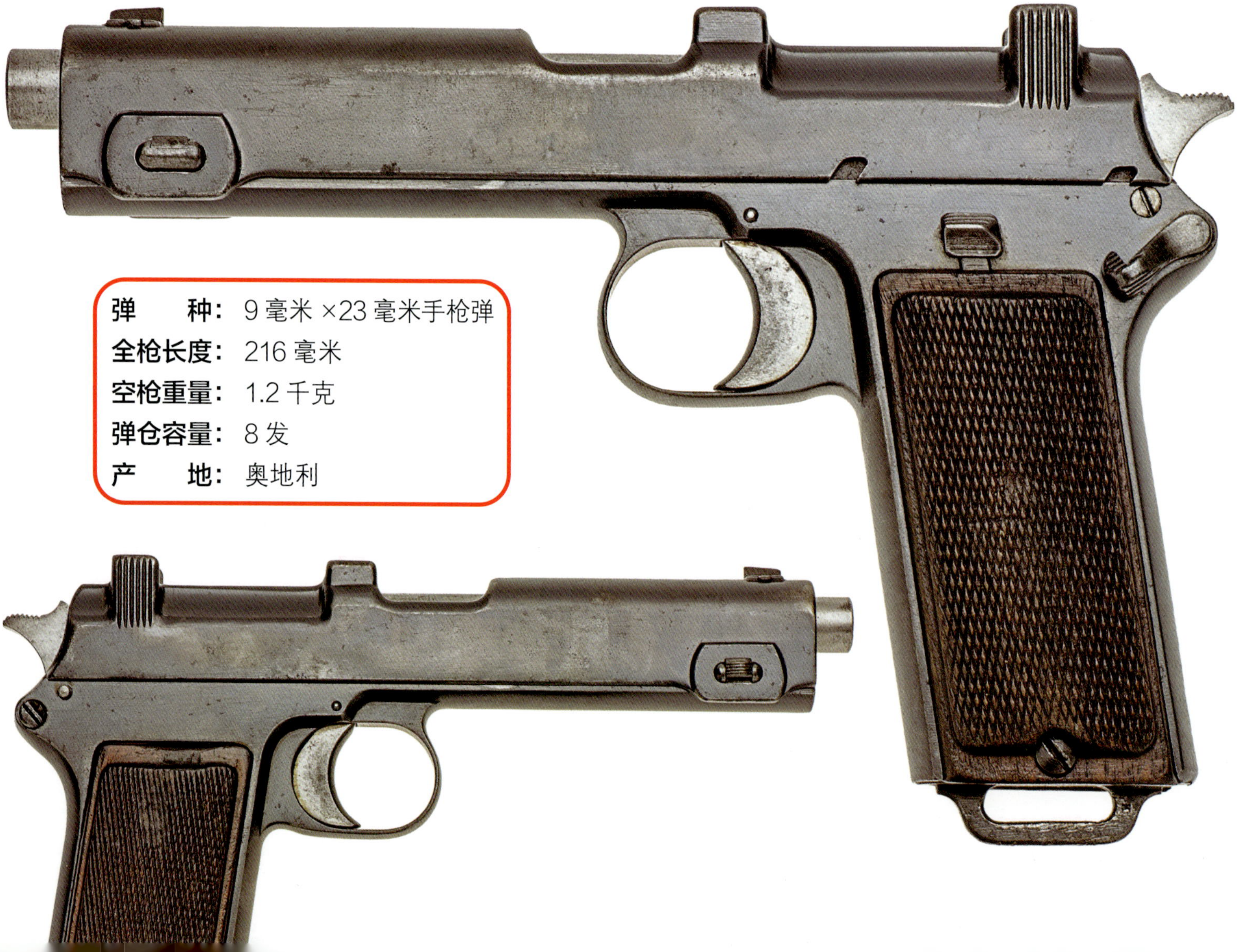

弹　　种：	9 毫米 ×23 毫米手枪弹
全枪长度：	216 毫米
空枪重量：	1.2 千克
弹仓容量：	8 发
产　　地：	奥地利

雷明顿 M51 手枪

雷明顿 M51 手枪是一款由美国枪械设计师约翰·佩特森在 1917 年设计、雷明顿公司于 1918 年进行生产的半自动手枪型号。这款手枪采用半自由枪机式自动工作原理，全枪由 31 个零部件组成，结构简单，易于维护。为了方便射手安全携行、使用，雷明顿 M51 手枪设有手动保险、握把保险、套筒不到位保险以及无弹匣保险。由于使用了可拆卸弹匣进行供弹，雷明顿 M51 手枪有着出色的火力持续性。

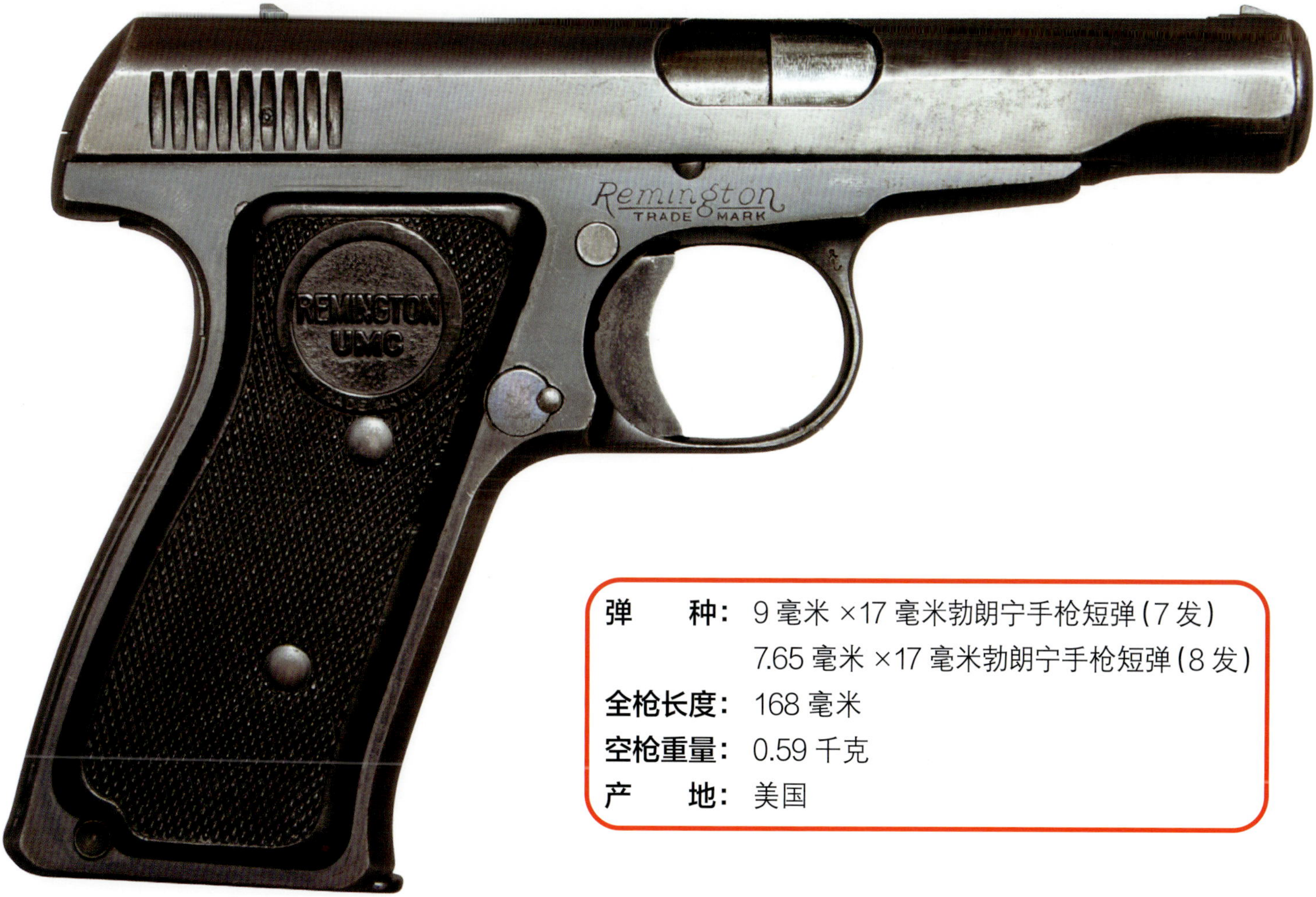

弹　　种： 9 毫米 ×17 毫米勃朗宁手枪短弹（7 发）
7.65 毫米 ×17 毫米勃朗宁手枪短弹（8 发）
全枪长度： 168 毫米
空枪重量： 0.59 千克
产　　地： 美国

M1911A1 手枪

M1911A1 手枪在美军中服役时间几乎横跨整个 20 世纪。这款传奇手枪在柯尔特 M1911 手枪的基础上改进而成，于 1926 年进行量产。M1911A1 手枪发射 0.45 英寸柯尔特自动手枪弹，初速为每秒 253 米，采用弹匣进行供弹，弹匣容量 7 发，发射模式为半自动。

●在第二次世界大战的太平洋战场上，美军士兵通常会使用 M1911A1 手枪与各型冲锋枪对日军士兵的“万岁冲锋”进行挨个“点名”。

●柯尔特 M1911 手枪是由美国著名枪械设计师约翰·摩西·勃朗宁设计、柯尔特公司 1911 年量产的半自动手枪，美军于 1912 年 4 月装备这款手枪，曾经历一战。

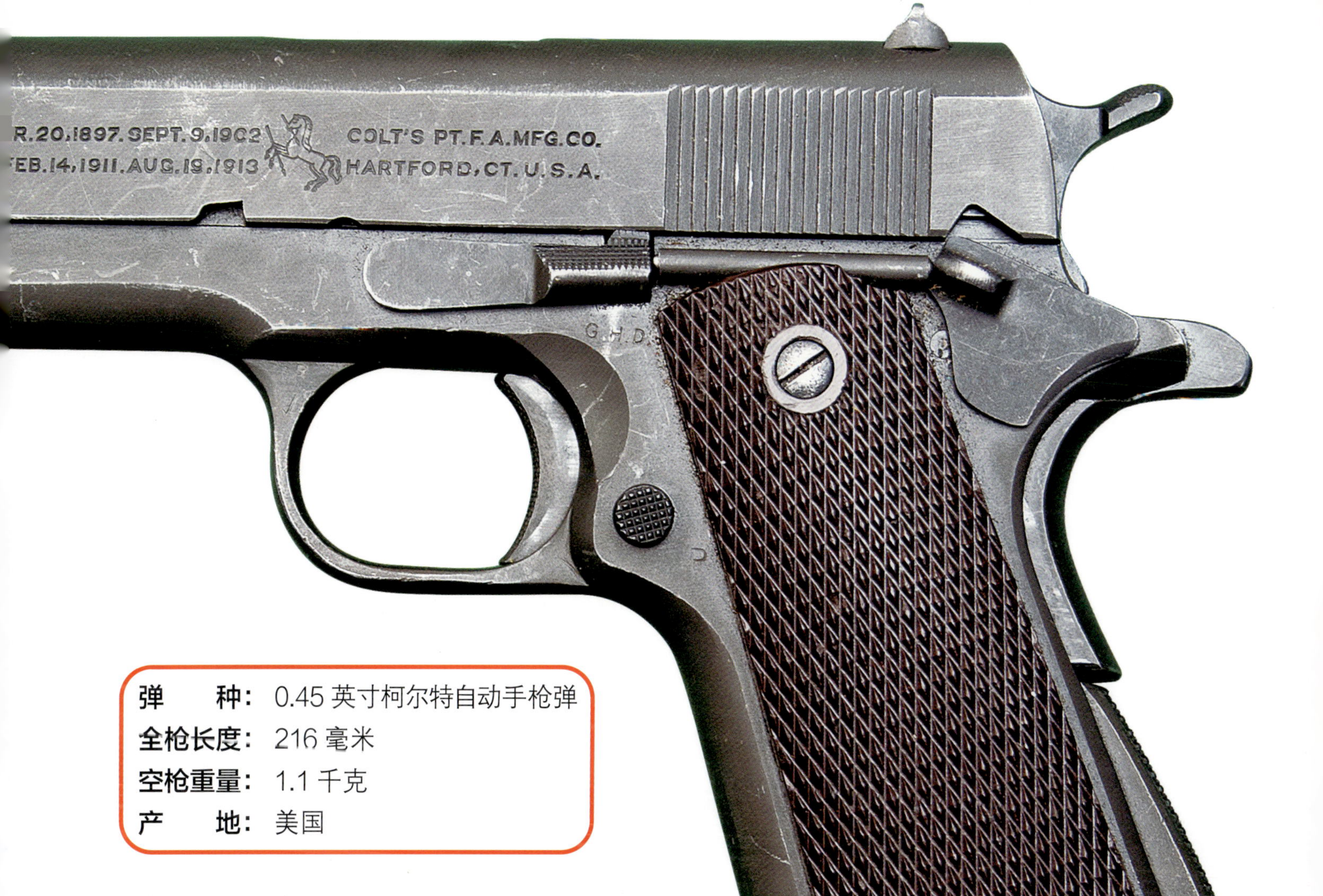

弹　　种： 0.45 英寸柯尔特自动手枪弹
全枪长度： 216 毫米
空枪重量： 1.1 千克
产　　地： 美国

TT-33 手枪

TT-33 手枪是苏联枪械设计师费约道尔·巴基雷必基·托卡列夫于 1930 年设计的一款半自动手枪型号，因此也称“托卡列夫手枪”或“托卡列夫 TT-33 手枪”。这款手枪于同年被苏军采用，是苏军大规模装备的第一款自动装填手枪。TT-33 手枪初速为每秒 420 米，使用可拆卸弹匣进行供弹，整体来看具备射击精度高、枪弹侵彻力强、停止作用良好的优点。该枪整体结构简单，易于生产，适合大规模列装。但由于没有有效的手动保险或自动保险机构，安全性欠佳，易造成走火事故。

弹　　种： 7.62 毫米 ×25 毫米手枪弹
全枪长度： 195 毫米
空枪重量： 0.85 千克
弹匣容量： 8 发
产　　地： 苏联

1942

瓦尔特 PPK 手枪

瓦尔特 PPK 手枪是德国卡尔·瓦尔特公司于 1931 年为德国警察、特工及高级军官研制的一款自卫手枪型号。手枪全称“Polizei Pistole Kriminal”，简称“PPK”。瓦尔特 PPK 手枪尺寸小巧，适合隐蔽携行，握把长宽比例合理，虽握把较短，但弹匣底部的手指托能够为射手提供舒适的握持条件。瓦尔特 PPK 手枪初速为每秒 280 米，使用可拆卸弹匣进行供弹，有着不错的火力持续性。

弹　　种：7.65 毫米 ×17 毫米柯尔特自动手枪弹
全枪长度：148 毫米
空枪重量：0.59 千克
弹匣容量：7 发
产　　地：德国

瓦尔特 P38 手枪

瓦尔特 P38 手枪是德国卡尔·瓦尔特运动枪有限公司设计生产的一款半自动手枪型号。这款手枪于 1938 年被德军采用，以替代精密且成本高昂的卢格 P08 手枪。在击发时，瓦尔特 P38 手枪初速为每秒 351 米，使用可拆卸弹匣进行供弹。从外观上看，握把整体无明显棱角，因此能够为射手提供舒适的握持。

● 瓦尔特 P38 手枪是德军在二战中主要使用的手枪型号，当然直到战争末期，卢格 P08 手枪也并未完全从德军中退役。

弹　　种：9 毫米 ×19 毫米帕拉贝鲁姆手枪弹
全枪长度：213 毫米
空枪重量：0.96 千克
弹匣容量：8 发
产　　地：德国

马卡洛夫手枪

马卡洛夫手枪也称“PM 手枪”，是苏联枪械设计师马卡洛夫于1951 年设计的一款半自动手枪型号，同年装备苏军。马卡洛夫手枪采用自由枪机式自动工作原理，结构紧凑，复进簧套在枪管上，因此枪管也兼作复进簧导杆使用。马卡洛夫手枪的保险机构由手动保险与不到位保险组成，其安全性较 TT-33 手枪有显著提升。弹匣侧板采用镂空式设计，这样的设计方便射手观察余弹数，但同时异物也容易进入弹匣中，因此这种弹匣设计如今已几乎绝迹。

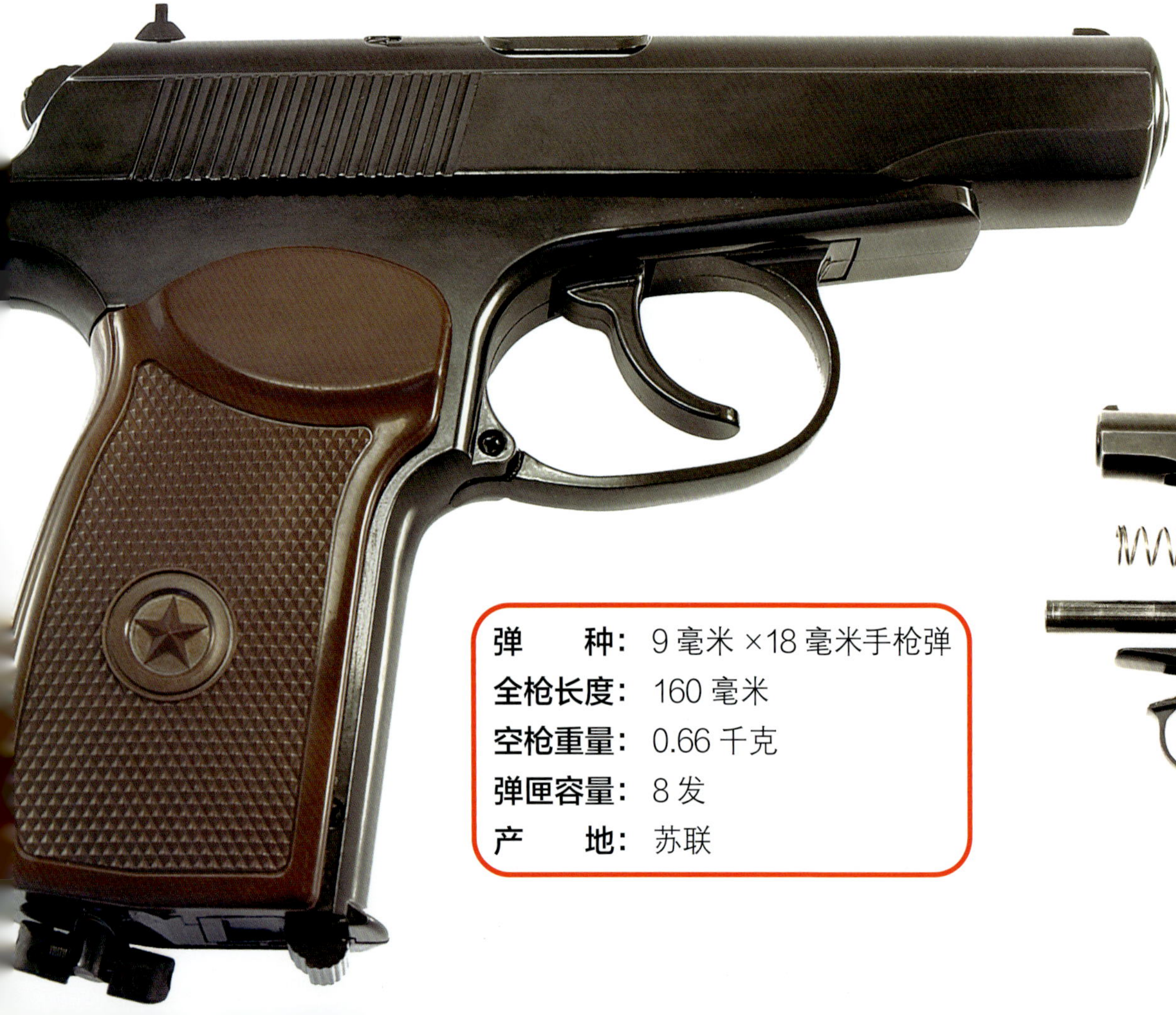

弹　　种：	9 毫米 ×18 毫米手枪弹
全枪长度：	160 毫米
空枪重量：	0.66 千克
弹匣容量：	8 发
产　　地：	苏联

PMM 手枪

斯捷奇金冲锋手枪

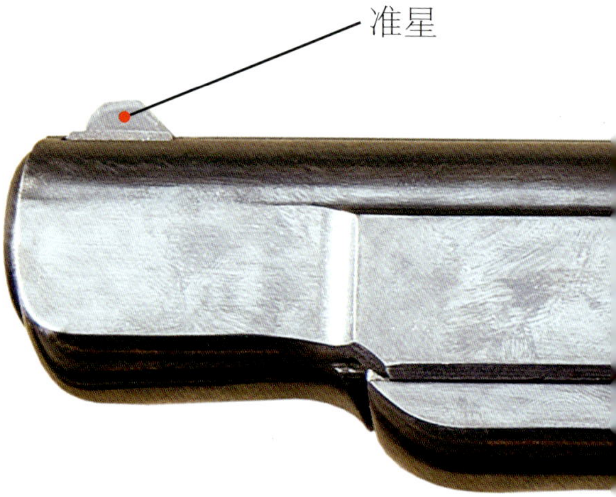

斯捷奇金冲锋手枪也称“APS 冲锋手枪”，是苏联中央精密机械工程研究院工程师伊戈尔·斯捷奇金在 1951 年设计的一款全尺寸军用手枪型号。所谓“冲锋手枪”，即一种可以全自动射击的手枪，通俗来说就是能打连发。斯捷奇金冲锋手枪采用自由枪机式自动工作原理，这款手枪配用的硬壳式枪套能够驳接在手枪的握把下方后端，被射手当作枪托使用，以进行抵肩射击而提升射击精度。斯捷奇金冲锋手枪使用可拆卸弹匣进行供弹，有着优秀的火力持续性。

弹 种： 9 毫米 ×18 毫米手枪弹
全枪长度： 225 毫米
空枪重量： 1.58 千克
弹匣容量： 20 发
产 地： 苏联

PSM 手枪

PSM 手枪是苏联中央精密机械工程研究院在 1969 年设计、伊热夫斯克兵工厂于 1973 年生产的一款自卫手枪型号。该枪枪身紧凑，尺寸小巧，主要装备执法人员与特工等。PSM 手枪大部分材料由钢材制成，而握把部分则由轻合金材料制成，减少了整枪重量。为了使射手握持舒适，弹匣底部设有手指托。这款手枪采用可拆卸弹匣进行供弹，使用方便且操作可靠。

弹　　种：	5.45 毫米 ×18 毫米手枪弹
全枪长度：	160 毫米
空枪重量：	0.46 千克
弹匣容量：	8 发
产　　地：	苏联

鲁格 LCP 手枪

鲁格 LCP 手枪是美国斯特姆－鲁格公司在 2008 年推出的一款袖珍半自动手枪型号。这款手枪采用枪管短后坐式自动工作原理、枪管偏移式闭锁机构，整体结构简单，零部件数量少，且枪身小巧，适合隐蔽携行。击发时，鲁格 LCP 手枪的枪口初速为每秒 276 米，使用可拆卸弹匣进行供弹。

- 鲁格 LCP 手枪的射击测试选用了包括雷明顿和温彻斯特在内多家公司的全金属被甲弹、空尖弹，以及无铅易碎弹等多种子弹，测试靶位分别为 6 米和 23 米。测试结果显示：该枪作为一支自卫手枪，近距离射击精度令人满意。

- 鲁格 LCP 手枪重量很轻，非常适合隐藏在手包或踝部枪套内。只不过，过于小巧的瞄具也为瞄准带来了麻烦，在射击稍远距离的靶位时，弹着点散布较大。当然，这对于一支主要用于近身防卫的手枪来说，并不是什么重大缺陷。

弹　　种：	9 毫米 ×17 毫米勃朗宁手枪短弹（0.380 英寸柯尔特自动手枪弹）
全枪长度：	131 毫米
空枪重量：	0.27 千克
弹匣容量：	6 发
产　　地：	美国

HK USP 手枪

HK USP 手枪是德国黑克勒－科赫（HK）公司在 1995 年推出的一系列半自动手枪型号，“USP”即英文“Universal Selfloading Pistol”的首字母缩写，可译为“通用自动装填手枪”。HK USP 手枪共 53 个零部件，枪管由优质钢材冷锻而成，并采用多边形膛线，有着良好的可靠性。HK USP 手枪的机械瞄具由缺口式照门和片状准星组成，照门与准星后端设有荧光点，射手能够在夜晚或光照条件不良的情况下进行使用。

HK USP .40 史密斯－韦森型

弹　　种： 0.40 英寸史密斯－韦森手枪弹
全枪长度： 194 毫米
空枪重量： 0.78 千克
弹匣容量： 13 发
产　　地： 德国

HK USP .45ACP 型

弹　　种： 0.45 英寸柯尔特自动手枪弹
全枪长度： 200 毫米
空枪重量： 0.785 千克
弹匣容量： 12 发
产　　地： 德国

HK USP 9 毫米型

弹　　种： 9 毫米 ×19 毫米帕拉贝鲁姆手枪弹
全枪长度： 194 毫米
空枪重量： 0.72 千克
弹匣容量： 15 发
产　　地： 德国

9mmx19
KG
S
F
9mmx19
24-306
USP
USP

瓦尔特 P99 手枪

瓦尔特 P99 手枪是德国卡尔·瓦尔特运动枪公司在 1996 年推出的半自动手枪型号。这款手枪采用平移击针式击发机构，因此没有击锤。瓦尔特 P99 手枪的保险机构由击针保险、扳机保险与待击指示保险组成。作为一款现代手枪，瓦尔特 P99 手枪设计新颖，性能优秀。

P99 9 毫米型

弹　　种： 9 毫米 ×19 毫米帕拉贝鲁姆手枪弹
全枪长度： 180 毫米
空枪重量： 0.71 千克
弹匣容量： 16 发
产　　地： 德国

P99 .40 史密斯 – 韦森型

弹　　种： 0.40 英寸史密斯 – 韦森手枪弹
全枪长度： 184 毫米
空枪重量： 0.735 千克
弹匣容量： 12 发
产　　地： 德国

格洛克 17 手枪

1983 年，奥地利格洛克有限公司应奥地利陆军的要求，设计研发了格洛克 17 手枪。格洛克 17 手枪采用枪管短后坐式自动工作原理、枪管偏移式闭锁机构。这款手枪结构大部分使用聚合物材料，虽然无手动保险，但扳机保险、击针保险与防跌落保险也为格洛克 17 手枪提供了良好的安全性，能够在膛内有弹的情况下安全携行。总体而言，格洛克 17 手枪结构简单，维护便捷、重量较轻、易于携带，且出色的火力持续性与人机工效在世界范围内获得了许多人的青睐。许多国家军警、安保单位均有采购，民用市场上也卖得火热，是世界上最畅销的自动装填手枪之一。

弹　　种：	9 毫米 ×19 毫米帕拉贝鲁姆手枪弹
全枪长度：	202 毫米
空枪重量：	0.65 千克
弹匣容量：	17 发
产　　地：	奥地利

17 Gen 5
AUSTRIA
9x19

格洛克 19 手枪

格洛克 19 手枪是格洛克 17 手枪的紧凑型，相较之下有着体积更小、质量更轻以及结构更为紧凑的特点。从外观看，格洛克 19 手枪有着更短的套筒、套筒座与握把，这使得格洛克 19 比格洛克 17 手枪更加适合隐蔽携行。

弹　　种：	9 毫米 ×19 毫米帕拉贝鲁姆手枪弹
全枪长度：	185 毫米
空枪重量：	0.6 千克
弹匣容量：	15 发
产　　地：	奥地利

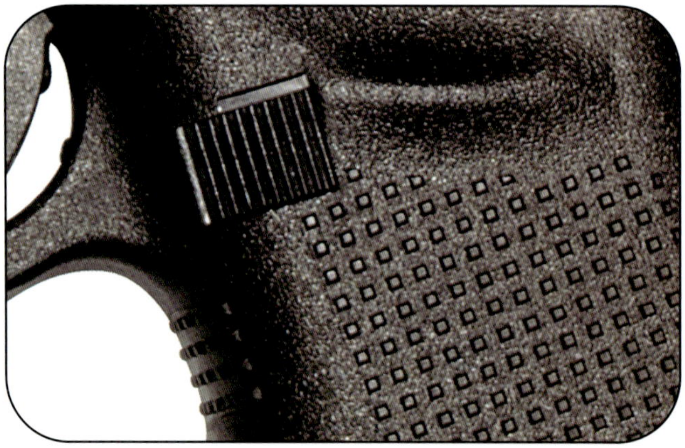

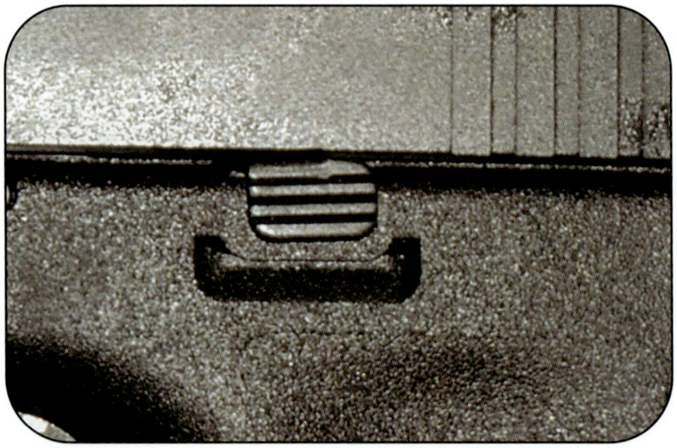

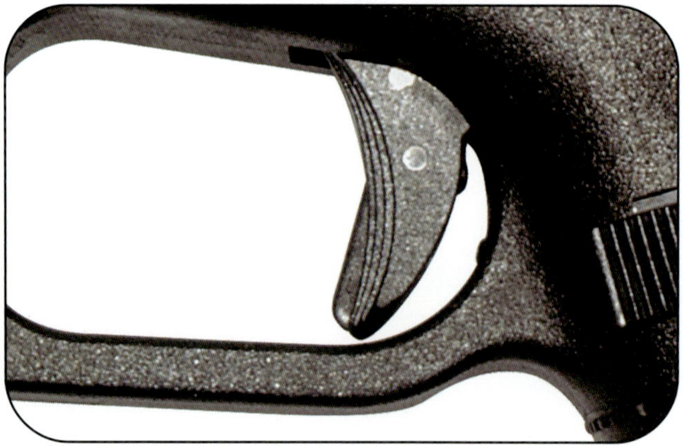

9 Gen 4
AUSTRIA
9x19
9x19
AUSTRIA

格洛克 18C 手枪

1988 年，格洛克公司在格洛克 17 手枪的基础上推出了可全自动射击的手枪——格洛克 18 手枪。但由于这款手枪没有枪托，全自动射击枪口上跳过大，因此格洛克公司随后推出了格洛克 18C 手枪，名称中的“C”为“Compensated model”的缩写，可译为“枪口补偿器改进型”。格洛克 18C 手枪通过在枪管前部顶端开孔，在套筒前部顶端开槽来为手枪提供补偿器的功能，在射击时通过引导火药燃气向上喷发产生的向下的力来抵消枪口上跳，提高射击精度的同时，又减轻了枪支整体重量。

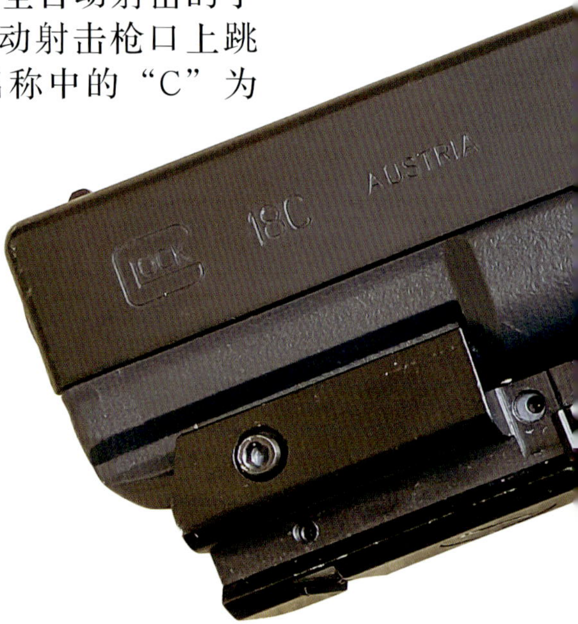

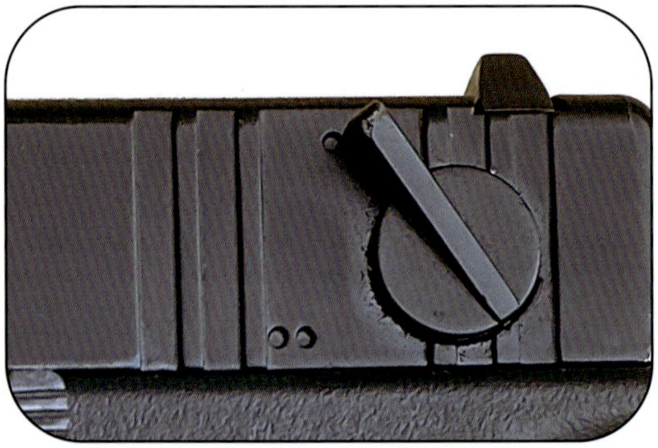

弹　　种：	9 毫米 ×19 毫米帕拉贝鲁姆手枪弹
全枪长度：	204 毫米
空枪重量：	0.59 千克
弹匣容量：	10 发、17 发、19 发、33 发
产　　地：	奥地利

CZ-75 SP01 手枪

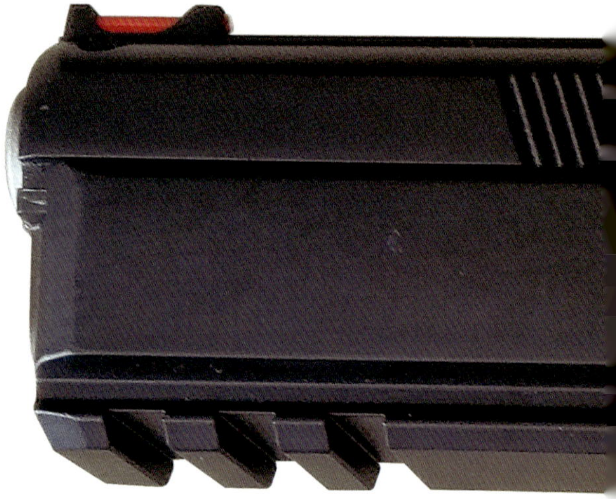

CZ-75 手枪是捷克斯洛伐克枪械设计师约瑟夫·库斯基与弗兰提塞克·库斯基兄弟在 1976 年设计的一款半自动手枪型号，并由 CZ 兵工厂进行生产。21 世纪，CZ 兵工厂决定对 CZ-75 手枪进行现代化改装，于 2005 年推出了 CZ-75 SP01 手枪。这款手枪的套筒座前端底部整合有一条皮卡汀尼导轨，可安装战术灯、激光指示器等战术附件，或安装原厂刺刀，作为近战武器使用。

CZ-75 SP01 手枪及配用的弹匣

弹　　种：	9 毫米 ×19 毫米 帕拉贝鲁姆手枪弹 （10 发、18 发） 0.40 英寸史密斯－韦森手枪弹 （12 发）
全枪长度：	207 毫米
空枪重量：	1.18 千克
产　　地：	捷克斯洛伐克

沙漠之鹰

沙漠之鹰手枪是美国马格南公司于 1980 年研制，以色列军事工业公司在 1983 年生产并销售的大威力半自动手枪。这款手枪采用活塞导气式自动工作原理、枪机回转式闭锁机构，有着枪身大、威力大等特点。停止作用强大的沙漠之鹰手枪主要作为狩猎手枪使用，但由于这款手枪重量高达约 2 千克，再加上复杂的结构导致可靠性较低，同时巨大的枪口焰容易暴露射手位置，因此并不适合作为士兵或警察的防卫武器使用。

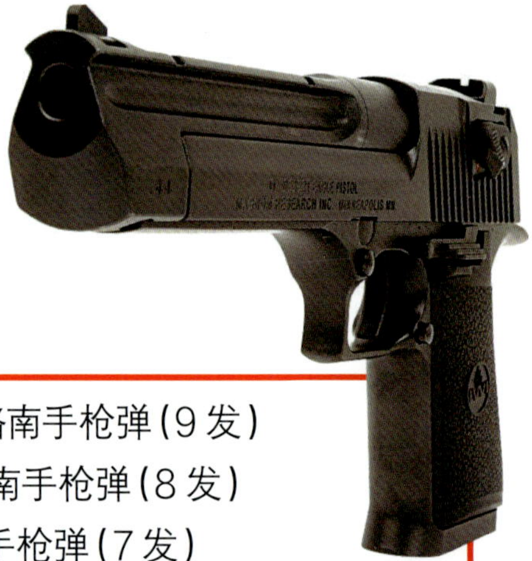

弹　　种：	0.357 英寸马格南手枪弹（9 发） 0.44 英寸马格南手枪弹（8 发） 0.50 英寸 AE 手枪弹（7 发）
全枪长度：	270 毫米（.357 马格南型、.44 马格南型） 267 毫米（.50AE 型）
空枪重量：	1.7 千克（.357 马格南型） 1.8 千克（.44 马格南型） 2.05 千克（.50AE 型）
产　　地：	以色列

DESERT EAGLE .50AE PISTOL
ISRAEL MILITARY INDUSTRIES LTD.(I.M.I)

史密斯－韦森西格玛 9F 手枪

史密斯－韦森西格玛 9F 手枪是美国史密斯－韦森公司在 1993 年研制的一款半自动手枪型号。这款手枪采用枪管偏移式闭锁机构，未设有击锤，通过平移击针进行击发。史密斯－韦森西格玛 9F 手枪未设有手动保险，保险功能通过扳机保险来实现。当扳机向后扣压一段距离后，扳机保险即可解除，手枪能够正常击发；只要松开扳机，手枪就会进入保险状态。整体来看该枪使用方便且操作可靠。

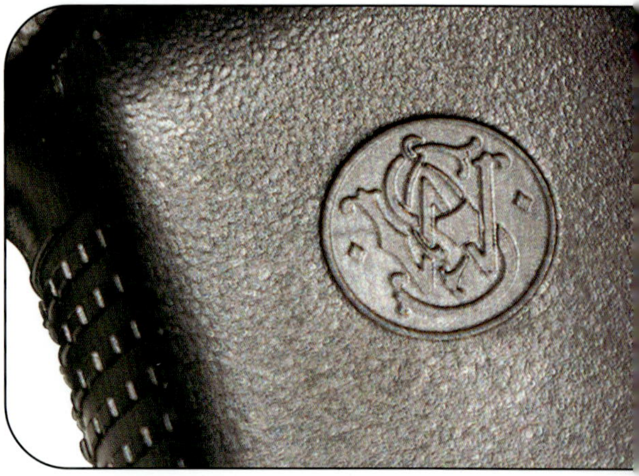

弹　　种： 9 毫米 ×19 毫米帕拉贝鲁姆手枪弹
全枪长度： 190 毫米
空枪重量： 0.74 千克
弹匣容量： 17 发
产　　地： 美国

伯莱塔 92 手枪

伯莱塔 92 手枪是意大利伯莱塔公司在 1970 年研制、1975 年对外公布的一款自动手枪型号。这款手枪采用枪管短后坐式自动工作原理、单 / 双动扳机结构设计，保险功能通过手动保险来完成，有着较好的安全性。1985 年，伯莱塔 92F 手枪在美军制式手枪的选型试验中胜出，被命名为“M9 手枪”，是美军继 M1911A1 手枪后大规模装备的自动装填手枪。

●伯莱塔 92 手枪现实应用广泛，同时在影视与游戏作品中，都能看到它的身影。

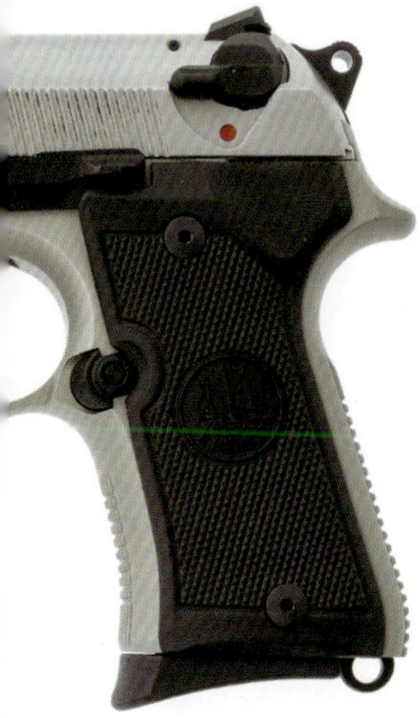

弹　　种：	9 毫米 ×19 毫米 帕拉贝鲁姆手枪弹
全枪长度：	217 毫米
空枪重量：	0.95 千克
弹匣容量：	15 发
产　　地：	意大利

伯莱塔 Px4“风暴”手枪

伯莱塔 Px4“风暴”手枪是意大利伯莱塔公司在 2005 年推出的一款自动手枪型号。这款手枪采用枪管回转式闭锁机构，放弃了伯莱塔 92 手枪的卡铁摆动式闭锁机构，因此射击精度有一定提高。伯莱塔 Px4“风暴”手枪枪管轴线较低，在射击时枪口上跳并不严重，而聚合物制成的握把整体圆润，无明显棱角，因此射手握持舒适，在射击时能够稳定控枪。除此之外，伯莱塔 Px4“风暴”手枪有着优秀的人机工效，弹匣解脱钮可根据射手的习惯进行安装，同时还配有不同尺寸的弹匣解脱钮，供不同手型的射手使用。

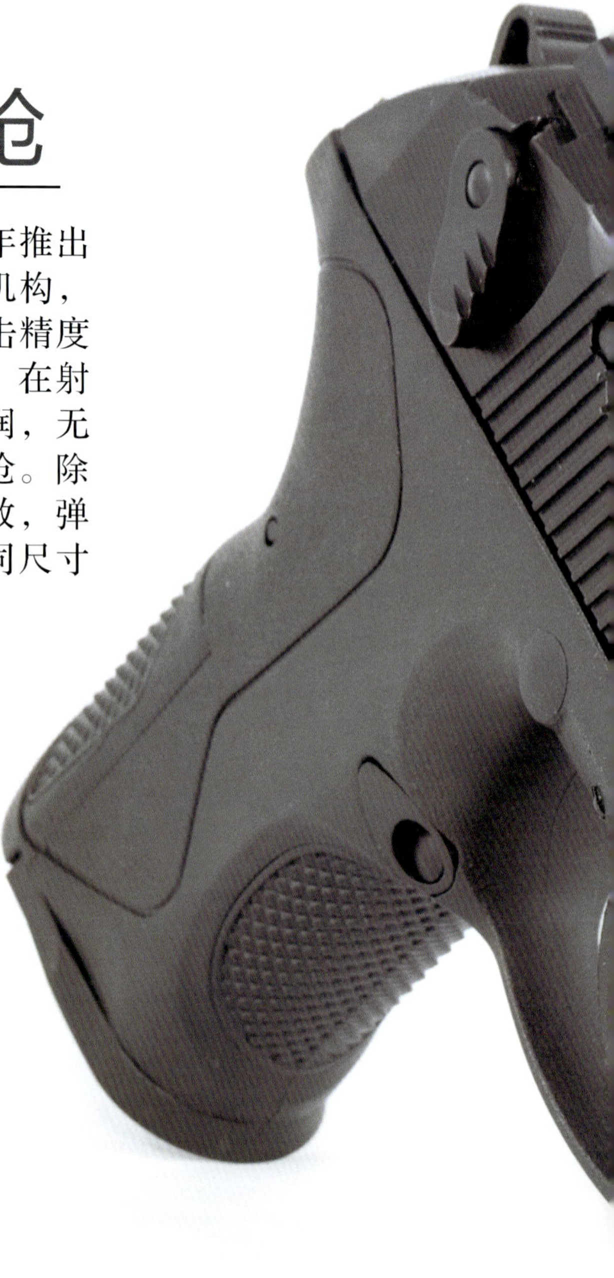

弹　　种： 9 毫米 ×19 毫米帕拉贝鲁姆手枪弹
全枪长度： 192 毫米
空枪重量： 0.79 千克
弹匣容量： 15 发、17 发、20 发
产　　地： 意大利

西格 - 绍尔 P226 手枪

西格 - 绍尔 P226 手枪是西格 - 绍尔公司在 1980 年生产的一款军用型全尺寸半自动手枪型号。这款手枪采用枪管短后坐式自动工作原理，闭锁机构为简化后的延迟后坐闭锁，只需抛壳口和套筒直接与弹膛外部的闭锁块配合即可完成闭锁动作。1996 年以前生产的西格 - 绍尔 P226 手枪的套筒由碳钢经冲压焊接制成，1996 年以后生产的西格 - 绍尔 P226 手枪的套筒则使用不锈钢经数控铣削加工而成。总体而言，西格 - 绍尔 P226 手枪有着优秀的可靠性，曾在美军制式手枪的选型试验中名列前茅，但因较高的价格未能被美军大规模装备。

弹　　种：	9 毫米 ×19 毫米 帕拉贝鲁姆手枪弹（15 发） 0.40 英寸史密斯 - 韦森手枪弹（12 发） 0.357 英寸西格手枪弹（12 发）
全枪长度：	196 毫米
空枪重量：	0.87 千克

西格 - 绍尔 P229 手枪

弹　　种：	9 毫米 ×19 毫米 帕拉贝鲁姆手枪弹（13 发） 0.40 英寸史密斯 – 韦森手枪弹 （12 发） 0.357 英寸西格手枪弹 （12 发）
全枪长度：	180 毫米
全枪高度：	136 毫米
全枪宽度：	37 毫米

● 西格 - 绍尔 P229 手枪是西格 - 绍尔公司美国分公司在 1990 年开始研发的紧凑型手枪，于 1992 年投向市场。

FN 57 手枪

FN 57 手枪是比利时 FN 公司在 2000 年推出的一款小口径半自动手枪型号。这款手枪采用半自由枪机式自动工作原理、内藏式击锤设计，虽然从枪体表面看不到击锤，但 FN 57 手枪依旧是一款击锤击发式手枪。FN 57 手枪的回转击锤位于套筒内部，因此采用纯双动扳机设计。在材质用料方面，FN 57 手枪大量使用工程塑料，整体质量较轻。该枪射击时枪口初速达到每秒 650 米，是一把理想的个人防卫武器。

弹　　种：5.7 毫米 ×28 毫米 SS190 穿甲弹
全枪长度：208 毫米
空枪重量：0.62 千克
弹匣容量：20 发
产　　地：比利时

斯太尔 M 系列手枪

斯太尔 M 系列手枪是奥地利斯太尔公司在 1999 年推出的一系列自动手枪型号。这款手枪采用枪管短后坐式自动工作原理、枪管偏移式闭锁机构，主要有 M、M-A1、S、S-A1 四个型号。M 和 M-A1 为全尺寸型，S 和 S-A1 为紧凑型。斯太尔 M 系列手枪的保险机构由扳机保险、自动击针保险、手动保险以及内置手枪锁组成，由于存在多个保险措施，因此有着不错的安全性。

M-A1 型

弹　　种： 9 毫米 ×19 毫米帕拉贝鲁姆手枪弹（17 发）
0.40 英寸史密斯 – 韦森手枪弹（12 发）
0.357 英寸西格手枪弹（12 发）

全枪长度： 176 毫米

枪管长度： 102 毫米

产　　地： 奥地利

史密斯 - 韦森 M&P 手枪

史密斯 - 韦森 M&P 手枪是美国史密斯 - 韦森公司在 2005 年推出的一款军警型自动手枪型号。这款手枪采用平移式击针机构，无手动保险，通过扳机保险实现保险功能。扳机保险的解锁方式非常简单，向后扣压扳机一段距离后即可将保险解除，继续扣动扳机则可击发，松开扳机枪支则进入锁定状态，可在膛内有弹的情况下安全携行。为了方便射手安装战术灯、激光指示器等附件，史密斯 - 韦森 M&P 手枪的套筒座前部底端整合有一条皮卡汀尼导轨，使用方便且操作可靠。

弹　　种：9 毫米 ×19 毫米帕拉贝鲁姆手枪弹
（10 发、17 发）
0.40 英寸史密斯－韦森手枪弹
（10 发、15 发）
0.357 英寸西格手枪弹
（10 发、15 发）
全枪长度：190.5 毫米
枪管长度：108 毫米
产　　地：美国

西格 - 绍尔 P320 手枪

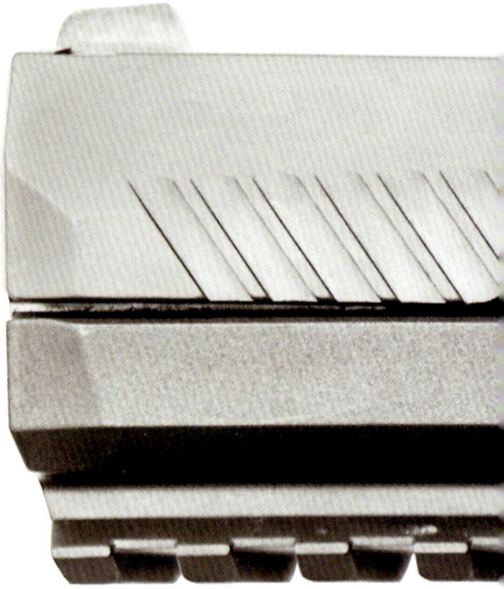

西格 - 绍尔 P320 手枪是西格 - 绍尔公司在 2014 年推出的自动装填手枪型号。这款手枪采用平移式击针击发机构，沿用西格 - 绍尔 P250 手枪的模块化设计，发射机组件可快速进行更换。值得一提的是，西格 - 绍尔 P320 手枪在美军的“模块化手枪系统（Modular Handgun System，简称 MHS）”的选型试验中胜出，成为继伯莱塔 92F 手枪之后美军装备的新一代制式自动手枪。美军采用的 P320 手枪被命名为“M17 手枪”（全尺寸型）与“M18 手枪”（紧凑型）。

全尺寸型

弹　　种： 9 毫米 ×19 毫米帕拉贝鲁姆手枪弹（17 发）
0.40 英寸史密斯 - 韦森手枪弹（14 发）
0.357 英寸西格手枪弹（14 发）
0.45 英寸柯尔特自动手枪弹（10 发）
全枪长度： 203 毫米
枪管长度： 120 毫米
产　　地： 瑞士

民用版西格 - 绍尔 P320 手枪

机 枪

马克沁 M1910 重机枪

日俄战争后，俄国决定对马克沁重机枪进行本土化改进，并于 1910 年完成，因此这款重机枪被命名为“马克沁 M1910 重机枪”。马克沁 M1910 重机枪采用枪管短后坐式自动工作原理，枪管包裹在圆柱形水冷套筒中，因此不难看出这是一款水冷式重机枪。马克沁 M1910 重机枪采用索科洛夫枪架，这种枪架可以在三脚架和车轮之间变形转换，以适应不同的作战环境。

●1917 年，马克沁 M1910 重机枪继续装备苏军，并在二战中发光发热。除了在战场上普遍使用，马克沁 M1910 重机枪也活跃在一些影视剧中，广为大众喜爱。

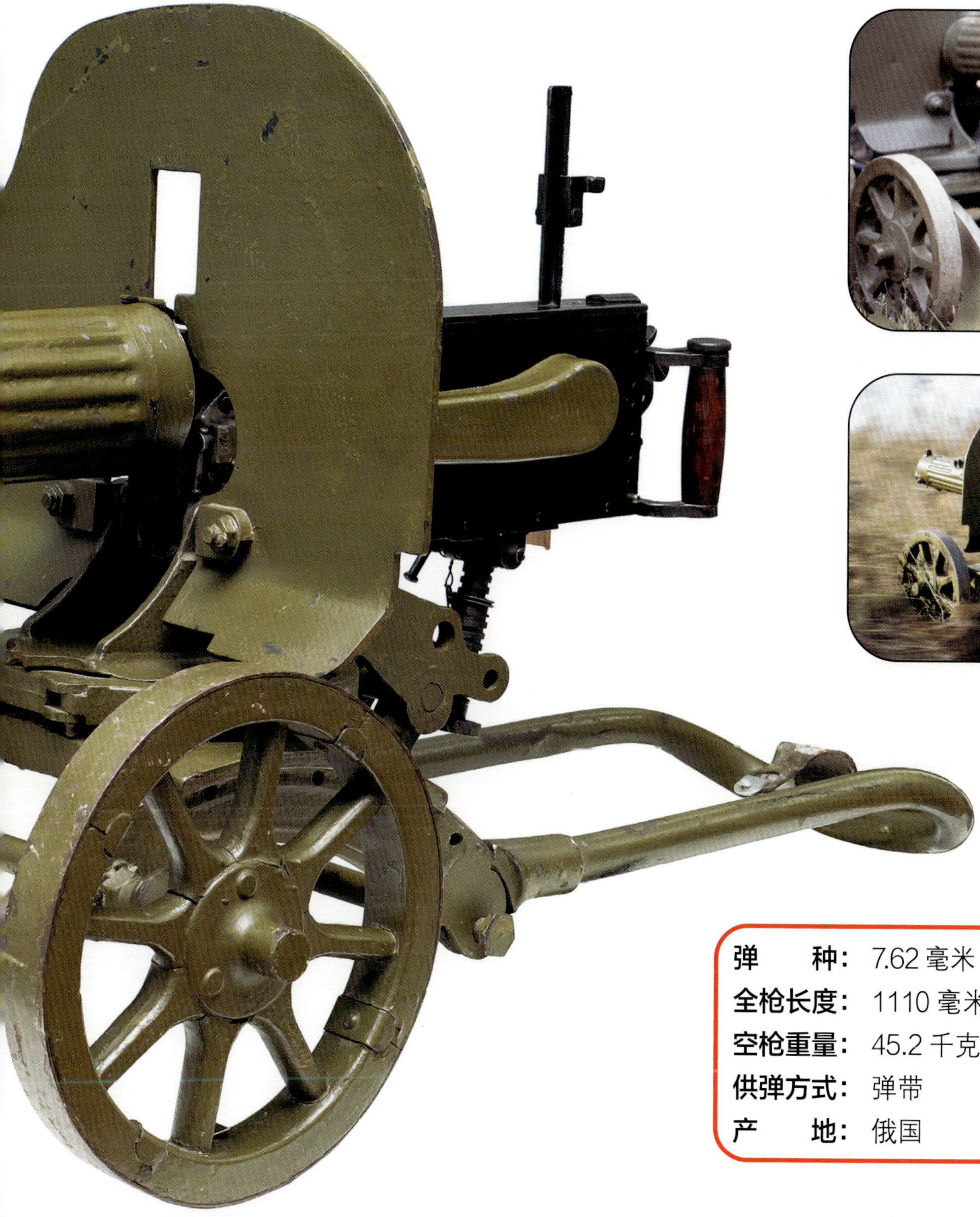

弹　　种： 7.62 毫米 ×54 毫米全威力步枪弹
全枪长度： 1110 毫米
空枪重量： 45.2 千克
供弹方式： 弹带
产　　地： 俄国

勃朗宁 M1919 重机枪

勃朗宁 M1919 重机枪是美国枪械设计师约翰·摩西·勃朗宁设计的一款重机枪型号。这款机枪为气冷式设计，采用枪管短后坐式自动工作原理、卡铁起落式闭锁机构，通过弹带进行供弹，通常安装在三脚架上进行使用。由于使用气冷式设计，勃朗宁 M1919 重机枪的枪管外只有散热罩，而不需要水冷套筒，有效减轻了机枪重量，提高了机动性。

弹　　种：	7.62 毫米 ×63 毫米步枪弹（.30-06 弹）
全枪长度：	964 毫米
全枪重量：	20.46 千克
供弹方式：	弹带
产　　地：	美国

勃朗宁 M2 重机枪

勃朗宁 M2 重机枪是美国枪械设计师约翰·摩西·勃朗宁设计的一款大口径重机枪型号。这款重机枪于 1932 年被美军装备，至今仍在使用。勃朗宁 M2 重机枪采用枪管短后坐式自动工作原理、卡铁起落式闭锁机构，射击时枪口初速为每秒 930 米，理论射速为每分钟 450~550 发。作为一款大口径机枪，勃朗宁 M2 重机枪通常被安装在三脚架或固定射架上使用，双握把设计能够帮助射手更好地控制枪口晃动，以提高射击精度。

弹　　种：	12.7 毫米 ×99 毫米勃朗宁机枪弹（.50 BMG）
全枪长度：	1653 毫米
全枪重量：	38.2 千克
供弹方式：	弹链
产　　地：	美国

捷格加廖夫 DP 轻机枪

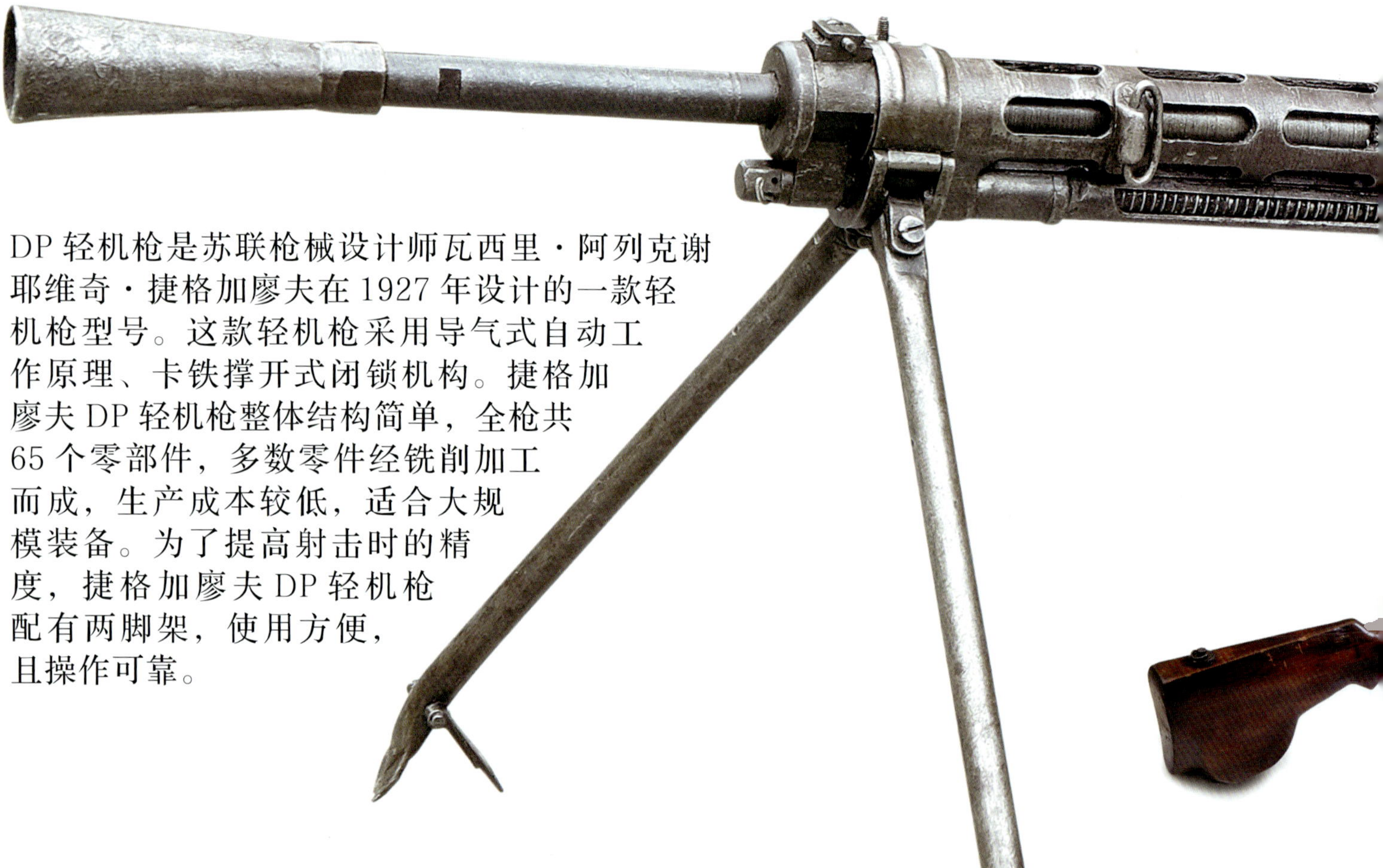

DP 轻机枪是苏联枪械设计师瓦西里·阿列克谢耶维奇·捷格加廖夫在 1927 年设计的一款轻机枪型号。这款轻机枪采用导气式自动工作原理、卡铁撑开式闭锁机构。捷格加廖夫 DP 轻机枪整体结构简单，全枪共 65 个零部件，多数零件经铣削加工而成，生产成本较低，适合大规模装备。为了提高射击时的精度，捷格加廖夫 DP 轻机枪配有两脚架，使用方便，且操作可靠。

弹　　种：	7.62 毫米 ×54 毫米全威力步枪弹
全枪长度：	1290 毫米
空枪重量：	9.12 千克
供弹方式：	弹盘（47 发）
产　　地：	苏联

Dshk 重机枪

1930 年，苏联轻武器设计师捷格加廖夫设计出一款大口径重机枪，命名为“捷格加廖夫大口径机枪”。之后，另一位苏联轻武器设计师对这款重机枪进行改造，并于 1939 年被苏军采用，命名为“Dshk-38 重机枪”，简称为“Dshk 重机枪”。Dshk 重机枪采用导气式自动工作原理、枪机偏转式闭锁机构，射击时枪口初速为每秒 850 米，有效射程 3500 米。

● 尽管 Dshk 重机枪已经诞生近一个世纪，在现代战场上仍然能够见到它的身影。除现实以外，Dshk 重机枪也出现在了一些游戏作品中，比如在巷战类射击游戏《叛乱 2 沙漠风暴》中，这款重机枪是玩家手中高效的支援武器。

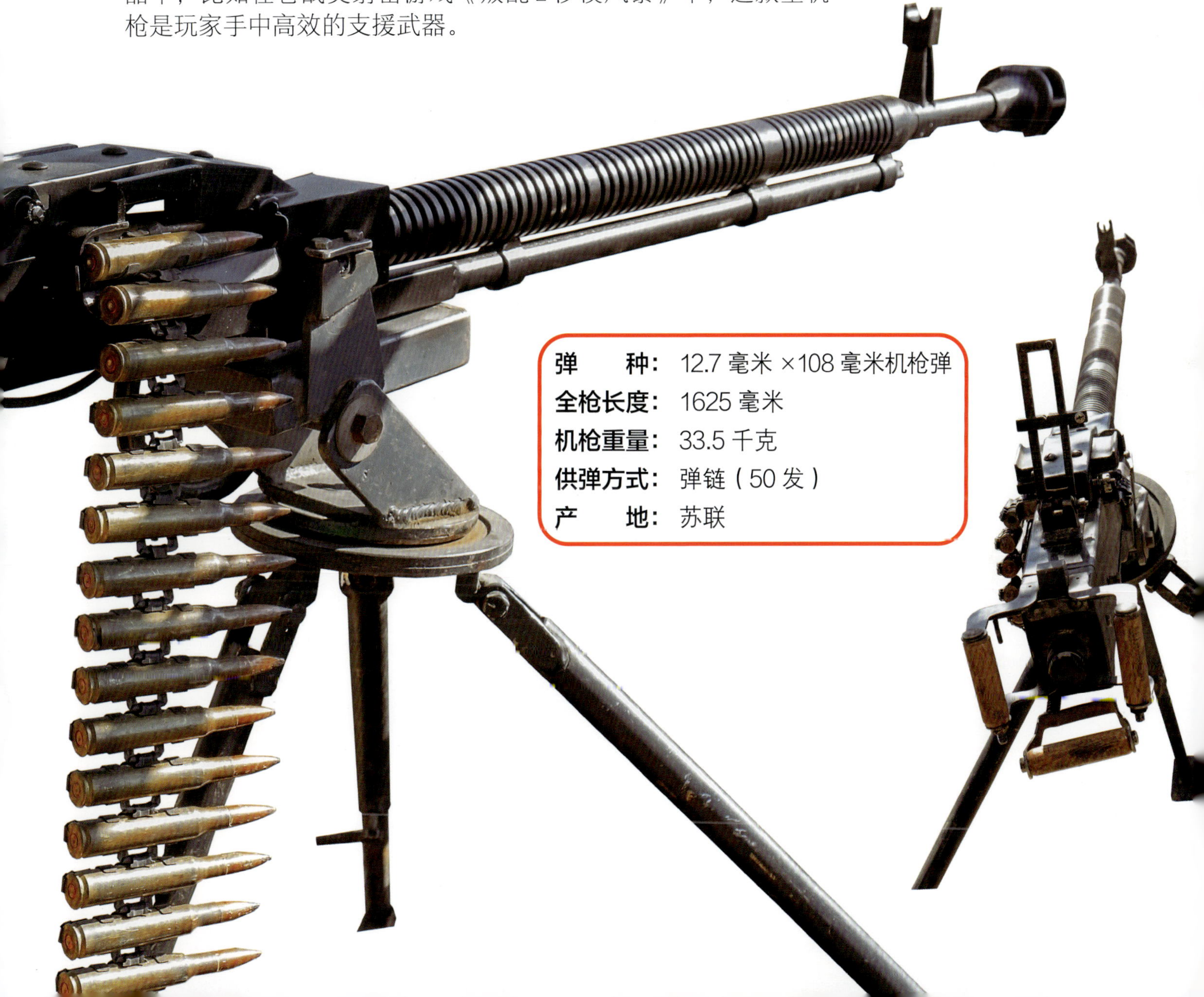

弹　　种：	12.7 毫米 ×108 毫米机枪弹
全枪长度：	1625 毫米
机枪重量：	33.5 千克
供弹方式：	弹链（50 发）
产　　地：	苏联

维克斯重机枪

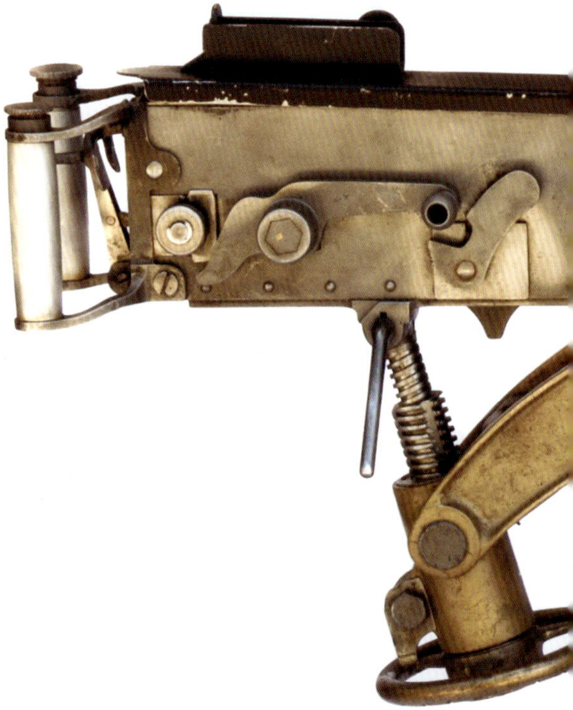

维克斯重机枪是一款在马克沁重机枪的基础上改进而成的重机枪型号，由于修改方案的负责人为艾伯特·维克斯，故此命名为“维克斯重机枪”。这款重机枪于1912年被英军采用。维克斯重机枪采用枪管短后坐式自动工作原理、曲柄连杆式闭锁机构，同时沿用马克沁机枪的水冷式枪管设计，因此枪管外包有圆柱形水冷套筒，射击时通过水冷套筒内的水对枪管进行快速冷却，以达到持续射击的目的。总体而言，维克斯重机枪易于生产，适合大规模装备，因此这款重机枪被英军从20世纪初一直使用到第二次世界大战结束。

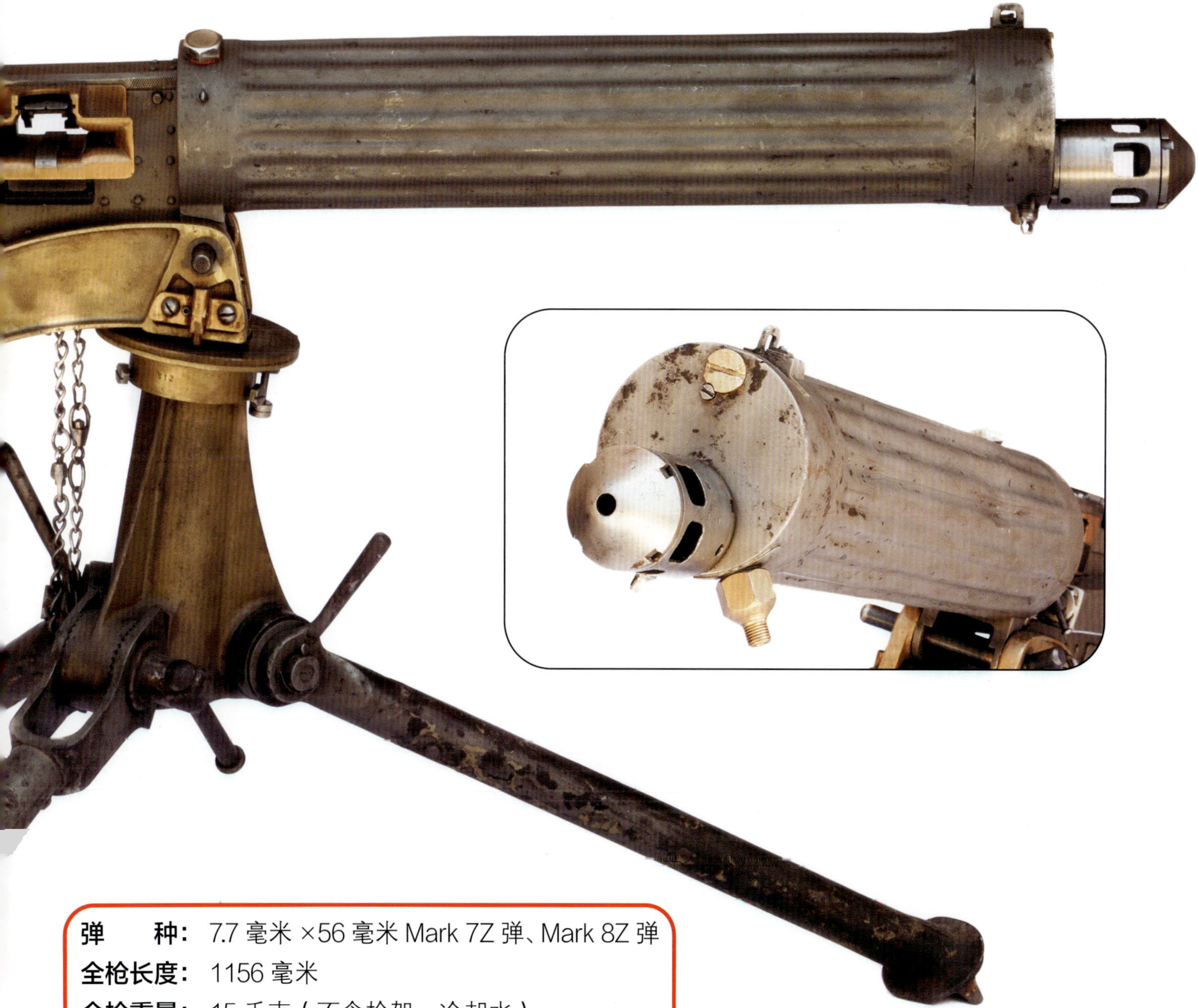

弹　　种： 7.7 毫米 ×56 毫米 Mark 7Z 弹、Mark 8Z 弹
全枪长度： 1156 毫米
全枪重量： 15 千克（不含枪架、冷却水）
供弹方式： 弹带（250 发）
产　　地： 英国

刘易斯轻机枪

刘易斯轻机枪最初由塞缪尔·麦肯林设计，由美国陆军上校艾萨克·牛顿·刘易斯完成研发工作，并以这名上校的姓氏为机枪命名。刘易斯轻机枪采用导气式自动工作原理，枪机回转式闭锁机构。这款轻机枪最明显的特征为枪管外部的圆柱形散热筒，在射击时可以通过吸入空气来达到冷却枪管的目的。除了作为步兵的轻机枪使用外，刘易斯轻机枪也被作为航空机枪使用。

弹　　种：	7.7 毫米 ×56 毫米步枪弹
全枪长度：	1283 毫米
空枪重量：	11.8 千克
供弹方式：	弹盘（47 发、97 发）
产　　地：	英国

ZB26 轻机枪

●ZB26 轻机枪曾出口到中国，并广泛被中国军民应用在革命战争与反抗帝国主义的战争中。

ZB26 轻机枪是捷克斯洛伐克枪械设计师瓦科拉夫·哈力克在 20 世纪 20 年代设计的一款轻机枪型号。这款轻机枪采用长行程活塞导气式自动工作原理、枪机偏转式闭锁机构，以及开膛待击式结构设计。为了提高机枪的射击精度，ZB26 轻机枪装有两脚架，枪管上方的提把既能够作为更换枪管时的抓手，也能够垂直旋转至枪管左下方作为前握把，以便于射手在移动射击时使用。

弹　　种：	7.92 毫米 ×57 毫米毛瑟步枪弹
全枪长度：	1161 毫米
空枪重量：	9.6 千克
供弹方式：	弹匣（20 发）
产　　地：	捷克斯洛伐克

布伦轻机枪

英国布伦轻机枪是一款在捷克斯洛伐克 ZB26 轻机枪的基础上衍生的轻机枪型号，英军于 1935 年采用这款机枪作为制式轻机枪。布伦轻机枪采用长行程活塞导气式自动工作原理、枪机偏移式闭锁机构，以及开膛待击式结构设计。在枪管设计上，布轮轻机枪取消了 ZB26 轻机枪的枪管散热片设计，同时缩短枪管与导气管长度，导气管前端设有气体调节器，可调整导气量，从而适应不同的战场环境。

弹　　种：7.7 毫米 ×56 毫米步枪弹
全枪长度：1156 毫米
空枪重量：10.4 千克
供弹方式：弹匣（30 发）
产　　地：英国

MG34 通用机枪

MG34 通用机枪是德国自主研发的一款通用机枪型号，1935 年德军采用这款机枪作为制式机枪。MG34 通用机枪采用枪管短后坐式自动工作原理、枪机回转式闭锁机构，以及开膛待击式结构设计。在射击自动循环中，枪口助推器加快枪管的后坐，以提升机枪的射速，从而提高机枪的火力打击密度。MG34 通用机枪的理论射速为每分钟 800~900 发，射击时枪口初速为每秒 755 米。

●通用机枪是德国在一战后因被制裁不许研发生产重机枪而设计的一种机枪类型。通用机枪发射全威力弹，使用两脚架为轻机枪，使用三脚架即为重机枪。

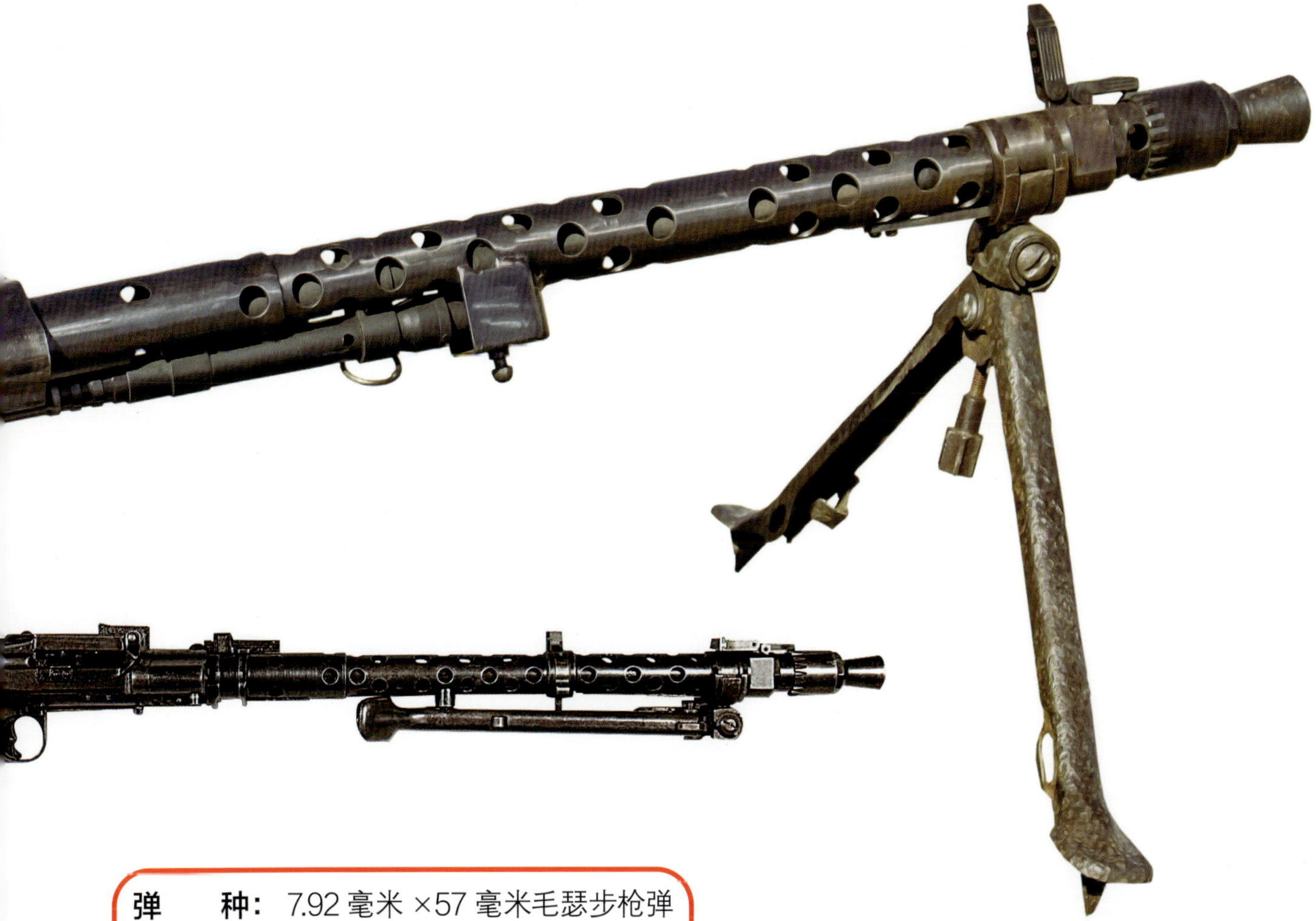

弹　　种：	7.92 毫米 ×57 毫米毛瑟步枪弹
全枪长度：	1219 毫米
空枪重量：	12.1 千克
供弹方式：	弹链、弹鼓
产　　地：	德国

MG42 通用机枪

MG42 通用机枪是德国在 20 世纪 30 年代研发的通用机枪型号，于 1941 年被德军采用。MG42 通用机枪采用枪管短后坐式自动工作原理、滚柱式闭锁机构，枪口设有助推器，可利用火药燃气加速枪管后坐，以提升机枪的射速。MG42 通用机枪的理论射速达到了每分钟 1200 发。作为一款通用机枪，MG42 通用机枪既能够使用两脚架作为轻机枪使用，也能够安装在三脚架上作为重机枪使用。

弹　　种： 7.92 毫米 ×57 毫米毛瑟步枪弹
全枪长度： 1219 毫米
空枪重量： 11.5 千克
供弹方式： 弹链（50 发，可连接）
产　　地： 德国

RPD 轻机枪

RPD 轻机枪是苏联轻武器设计师捷格加廖夫在 1943 年设计的轻机枪型号，于 1944 年被苏军采用。RPD 轻机枪采用活塞导气式自动工作原理、卡铁撑开式闭锁机构。RPD 轻机枪的机械瞄具由柱形准星和缺口式照门组成，表尺与照门为一体式设计，方便射手根据目标的距离进行装定。作为一款班用机枪，RPD 轻机枪的主要用途为对目标进行压制与杀伤，因此这款轻机枪只能进行全自动射击。

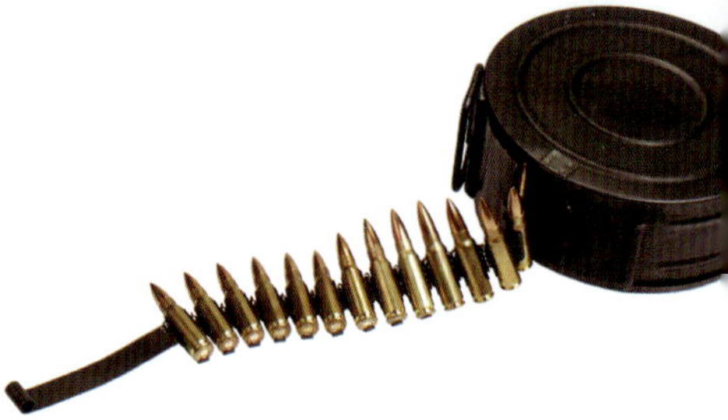

弹　　种： 7.62 毫米 ×39 毫米 M43 中间威力步枪弹
全枪长度： 1037 毫米
全枪重量： 7.1 千克
供弹方式： 弹链（100 发，可放置于弹链盒内）
产　　地： 苏联

RPK 轻机枪

RPK 轻机枪是苏联枪械设计师米哈伊尔·季莫费耶维奇·卡拉什尼科夫在 20 世纪 50 年代设计的一款轻机枪型号，于 1959 年被苏军采用。RPK 轻机枪采用长行程活塞导气式自动工作原理，枪托、护木、握把采用树脂材料制成，有效降低了整枪重量，方便步兵进行机动。与 RPD 轻机枪相比，RPK 轻机枪质量更轻，结构也更为简单，降低了生产成本，非常适合大规模生产与装备。

弹　　种： 7.62 毫米 ×39 毫米 M43 中间威力步枪弹
全枪长度： 1040 毫米
空枪重量： 5 千克
供弹方式： 弹匣（40 发）、弹鼓（75 发）
产　　地： 苏联

M60E4 通用机枪

1957 年，美军装备了第一款通用机枪，并命名为“M60”。M60 通用机枪采用活塞导气式自动工作原理、枪机回转式闭锁机构，自带两脚架，且可安装在三脚架或固定射架上。1994 年，萨科防务公司设计开发了一款改进型 M60，命名为“M60E4 通用机枪”。M60E4 通用机枪可以看作是 M60 通用机枪的短枪管型号，主要装备美国海军特种部队。

M60 通用机枪

M60 通用机枪

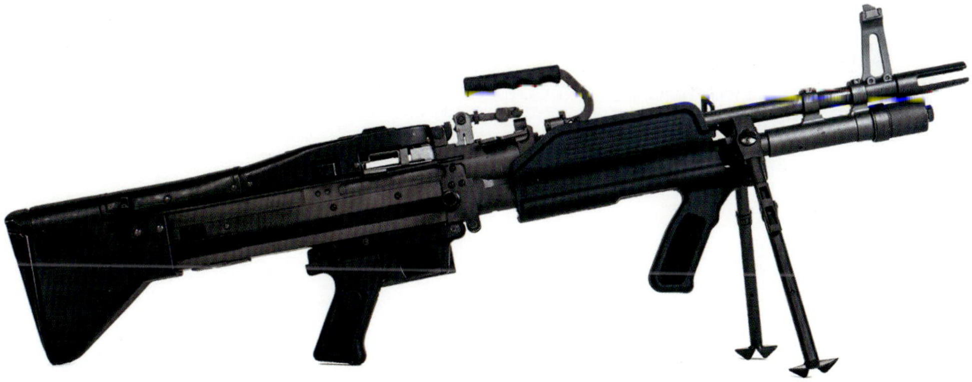

弹　　种： 7.62 毫米 ×51 毫米北约标准步枪弹
全枪长度： 958 毫米
空枪重量： 10.2 千克
供弹方式： 弹链
产　　地： 美国

PKM 通用机枪

20 世纪 50 年代，苏联枪械设计师卡拉什尼科夫在 AK 系列突击步枪的基础上研制出一款通用机枪，称为“PK 通用机枪”。1969 年，卡拉什尼科夫在 PK 通用机枪的基础上进行改进，设计出了 PKM 通用机枪。与 PK 通用机枪相比，PKM 通用机枪采用轻型枪管，因此从外观上看枪管无纵向凹槽。在射击时，PKM 通用机枪的枪口初速为每秒 825 米，有效射程为 1000 米。

弹 种：	7.62 毫米 ×54 毫米全威力步枪弹
全枪长度：	1192 毫米
空枪重量：	7.5 千克
供弹方式：	弹链
产 地：	苏联

RPK-74 轻机枪

当小口径化的 AK-74 突击步枪被苏军采用后，卡拉什尼科夫也以 AK-74 突击步枪为蓝本，推出了小口径的 RPK-74 轻机枪。这款轻机枪于 20 世纪 70 年代后期被苏军采用，普遍装备。RPK-74 轻机枪采用长行程活塞导气式自动工作原理、枪机回转式闭锁机构。射击时，RPK-74 轻机枪的初速为每秒 960 米，可进行连发的全自动发射，也能够进行单发的点射，最大表尺射程为 1000 米。

弹　　种：	5.45 毫米 ×39 毫米 M74 步枪弹
全枪长度：	1060 毫米
空枪重量：	4.85 千克
供弹方式：	弹匣（45 发，同时可使用 AK-74 突击步枪的 30 发弹匣）
产　　地：	苏联

RPK-74M 轻机枪

●RPK-74M 轻机枪是在 AK-74M 突击步枪的基础上推出的机枪改进型号。该枪使用了新型聚合物材料制成的护木、枪托与弹匣，重量更轻。

RPK-74M

弹　　种： 5.45 毫米 ×39 毫米 M74 步枪弹
全枪长度： 1060 毫米
空枪重量： 4.76 千克
供弹方式： 弹匣（45 发）
产　　地： 苏联

M240 通用机枪

1977 年，FN MAG58 通用机枪在美军的通用机枪选型试验中脱颖而出，被美军采用并命名为“M240 通用机枪”。这款通用机枪采用长行程活塞导气式自动工作原理、闭锁杆起落式闭锁机构，导气管前端设有导气阀，射手可通过调整导气阀来改变机枪的射速，将射速调整到每分钟 650 发到 1000 发不等。美军早期装备的 M240 通用机枪通常作为步战车的同轴机枪或机载机枪，第一款步兵型号的 M240 通用机枪为 M240G，之后又在这个基础上推出了 M240B 与 M240L 通用机枪。

弹　　种：	7.62 毫米 ×51 毫米 北约标准全威力步枪弹
全枪长度：	1225 毫米
全枪重量：	12.52 千克
供弹方式：	弹链

FN 米尼米轻机枪

FN 米尼米轻机枪是 FN 公司在 20 世纪 70 年代推出的一款轻型班用支援机枪型号。这款机枪采用活塞导气式自动工作原理、枪机回转式闭锁机构，并设有气体调节器，可根据使用环境的不同调节导气量。考虑到机枪长时间射击后枪管会出现的过热问题，FN 米尼米轻机枪的枪管可进行快速更换。此外，机枪的两脚架可以为 FN 米尼米轻机枪带来更高的射击精度与命中率，使用方便且操作可靠。

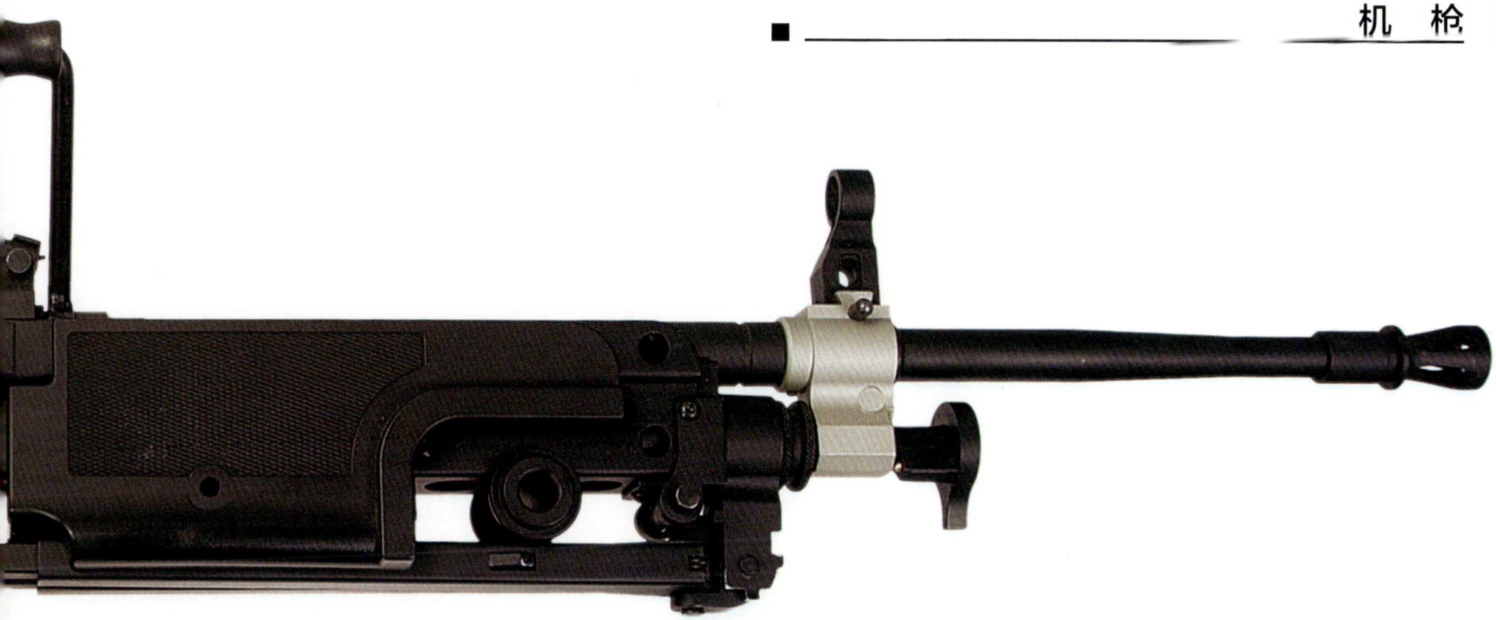

弹　　种： 5.56 毫米 ×45 毫米北约标准步枪弹
全枪长度： 1040 毫米
空枪重量： 6.85 千克
供弹方式： 弹链、弹匣
产　　地： 比利时

M249 轻机枪

1982 年，FN 米尼米轻机枪被美军采用，被命名为“M249 轻机枪”。M249 轻机枪采用活塞导气式自动工作原理，枪管可快速更换，护木与枪管上方装有轻型散热护罩。在射击时，M249 轻机枪的枪口初速可达到每秒 915 米，导气阀下方的两脚架能够收起或展开，为射手提供有依托射击，以提高射击精度与命中率。

M249 伞兵型

弹　　种：	5.56 毫米 ×45 毫米北约标准步枪弹
全枪长度：	1041 毫米
空枪重量：	7.5 千克
供弹方式：	弹链、弹匣
产　　地：	比利时

PKP 通用机枪

PKP 通用机枪是俄罗斯中央精密机械工程院以 PKM 通用机枪为基础改进而成的一款通用机枪型号。这款机枪采用“强制气冷枪管”的新型枪管，枪管表面具有纵向凹槽，外包有金属衬套。子弹击发后，枪口喷出的火药燃气会产生引射作用，使衬套内的空气向前方流动，从而加快枪管冷却。

● PKP 通用机枪的机械瞄具由准星和缺口式照门组成，准星两侧设有弧形金属护翼。缺口式照门与表尺板为一体，表尺板的安装方式与 PK 系列通用机枪相同，缺口式照门位于表尺座前端，表尺板与表尺座的连接处位于表尺座后端。

弹　　种：	7.62毫米×54毫米全威力步枪弹
全枪长度：	1145毫米
空枪重量：	8.7千克
供弹方式：	弹链
产　　地：	俄罗斯

冲锋枪

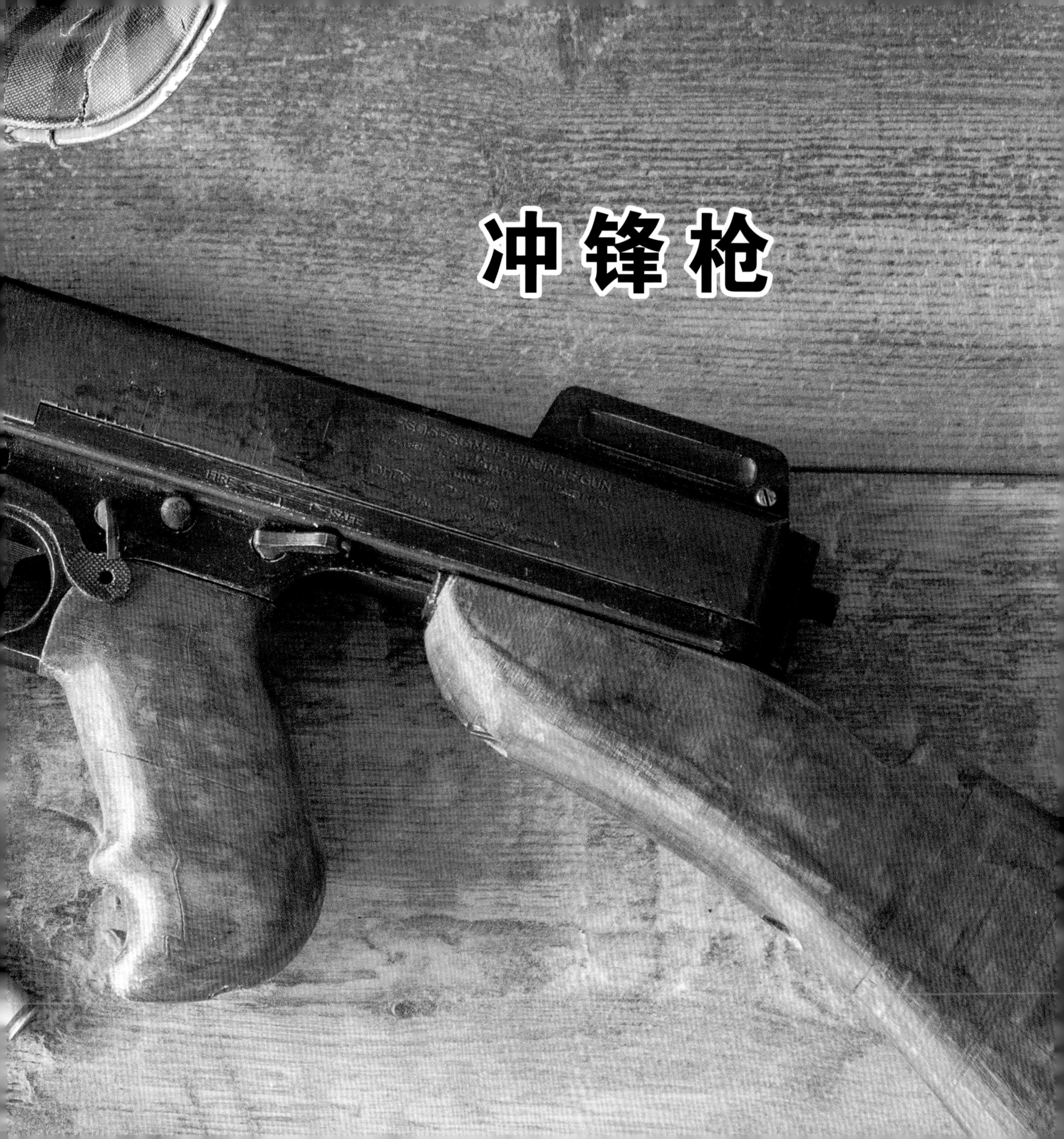

MP28 II 冲锋枪

在第一次世界大战中，主要作战方式为堑壕战，为了突破堑壕，美军装备了霰弹枪，德军则装备了冲锋枪。德军在一战中装备的冲锋枪为 MP18 I 冲锋枪，是一款可全自动发射手枪弹的近战武器。1924 年，枪械设计师雨果·西迈司在 MP18 I 冲锋枪的基础上研制出了 MP28 II 冲锋枪。MP28 II 冲锋枪放弃 MP18 I 冲锋枪使用弹鼓作为供弹具的设计，转而使用直弹匣进行供弹，增强了冲锋枪的可靠性，并在一定程度上改善了 MP18 I 冲锋枪射击时重心偏左的问题。

弹　　种：9 毫米 ×19 毫米
帕拉贝鲁姆手枪弹
全枪长度：813 毫米
空枪重量：4 千克
供弹方式：弹匣（20 发、25 发、32 发）
产　　地：德国

汤普森 M1928 冲锋枪

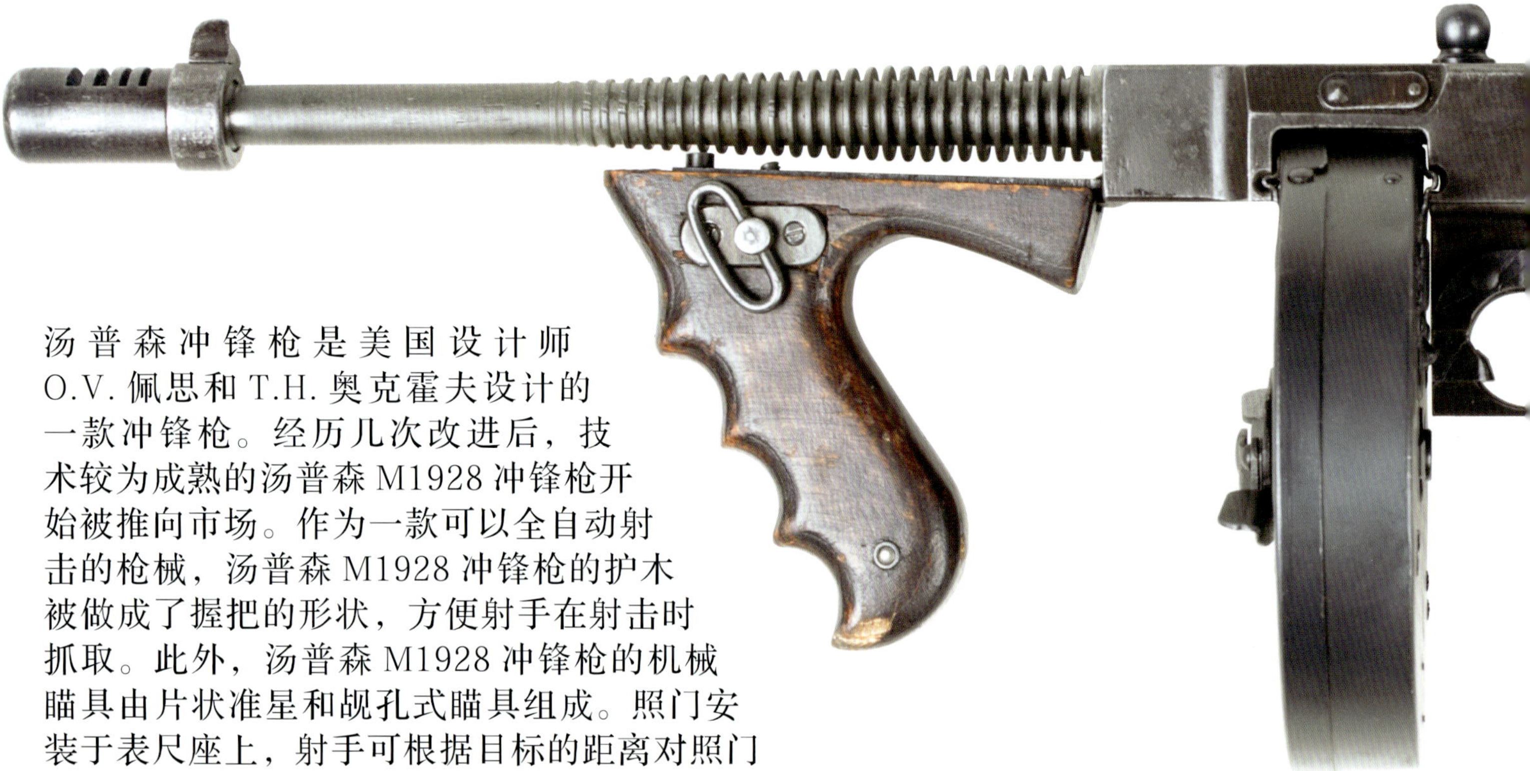

汤普森冲锋枪是美国设计师 O.V. 佩思和 T.H. 奥克霍夫设计的一款冲锋枪。经历几次改进后，技术较为成熟的汤普森 M1928 冲锋枪开始被推向市场。作为一款可以全自动射击的枪械，汤普森 M1928 冲锋枪的护木被做成了握把的形状，方便射手在射击时抓取。此外，汤普森 M1928 冲锋枪的机械瞄具由片状准星和觇孔式瞄具组成。照门安装于表尺座上，射手可根据目标的距离对照门进行调整。

弹　　种：	0.45 英寸柯尔特自动手枪弹
全枪长度：	857 毫米
空枪重量：	4.9 千克
供弹方式：	弹鼓、弹匣
产　　地：	美国

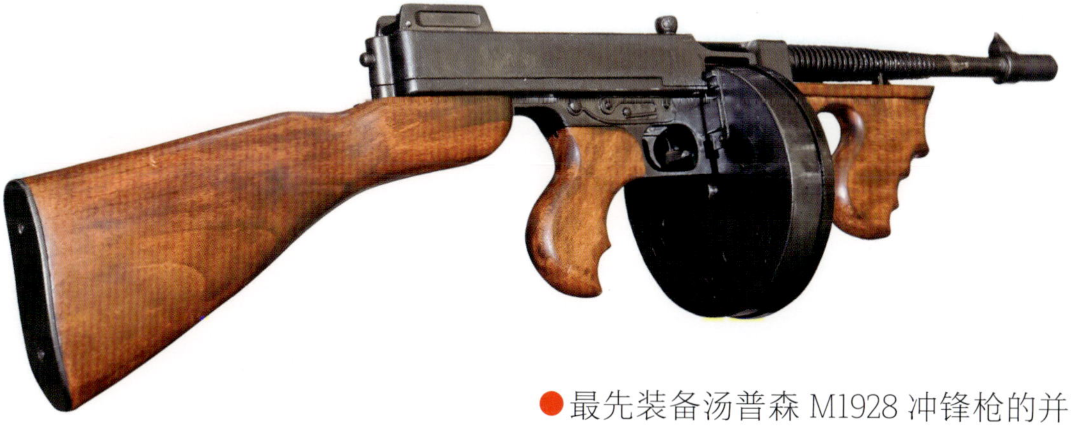

●最先装备汤普森 M1928 冲锋枪的并不是美国军队，而是美国民间的一些帮派组织。由于这款冲锋枪在射击时会发出嗒嗒嗒的枪声，类似打字机发出的声音，再加上当时芝加哥黑帮活动猖獗，因此汤普森 M1928 冲锋枪获得了“芝加哥打字机”的绰号。

汤普森 M1928A1 冲锋枪

汤普森 M1928A1 冲锋枪在汤普森 M1928 冲锋枪的基础上改进而成，主要改进方面在于取消了前握把，改用长方形前护木。汤普森 M1928A1 冲锋枪在第二次世界大战中被美军少量装备，同时盟军也装备了该枪，作为步兵班组的近距离自动武器使用。

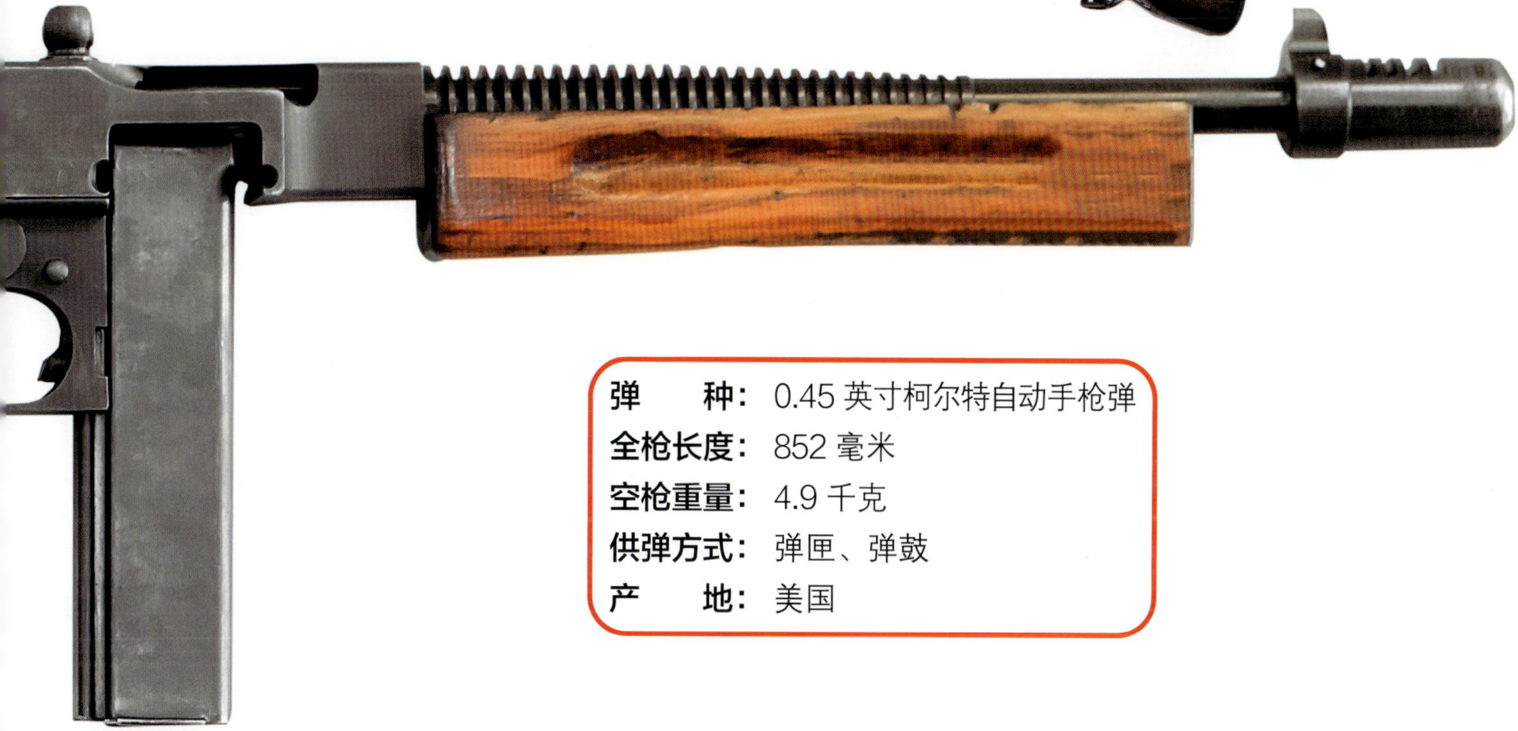

弹　　种： 0.45 英寸柯尔特自动手枪弹
全枪长度： 852 毫米
空枪重量： 4.9 千克
供弹方式： 弹匣、弹鼓
产　　地： 美国

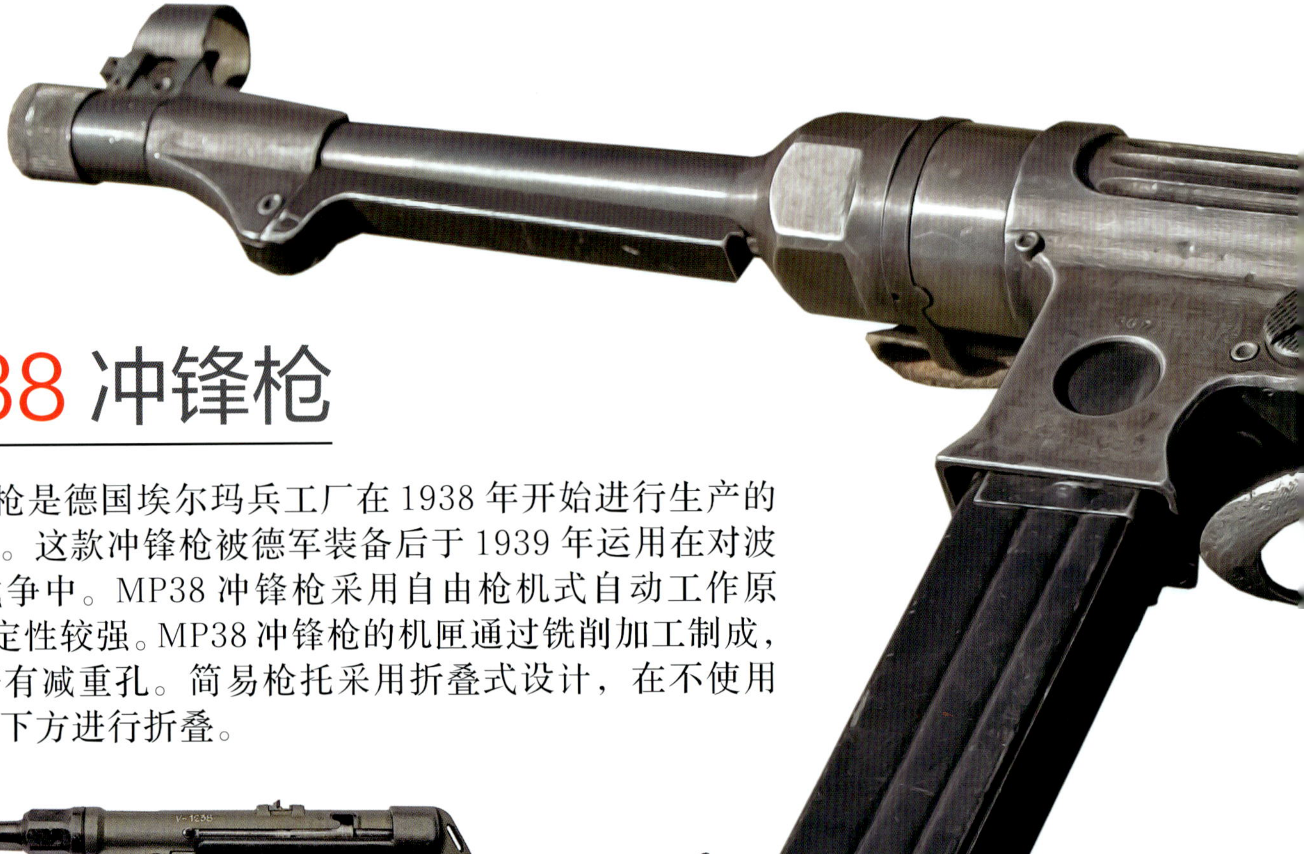

MP38 冲锋枪

MP38 冲锋枪是德国埃尔玛兵工厂在 1938 年开始进行生产的冲锋枪型号。这款冲锋枪被德军装备后于 1939 年运用在对波兰的侵略战争中。MP38 冲锋枪采用自由枪机式自动工作原理，射击稳定性较强。MP38 冲锋枪的机匣通过铣削加工制成，弹匣井处开有减重孔。简易枪托采用折叠式设计，在不使用时可向机匣下方进行折叠。

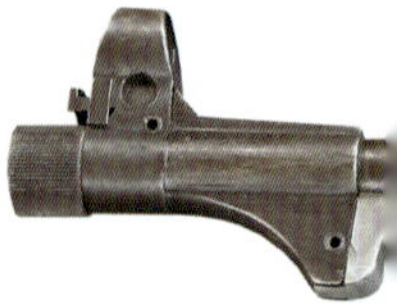

弹　　种：	9 毫米 ×19 毫米帕拉贝鲁姆手枪弹
全枪长度：	832 毫米（枪托展开） 630 毫米（枪托折叠）
空枪重量：	4.1 千克
供弹方式：	弹匣（32 发）
产　　地：	德国

MP40 冲锋枪

MP40 冲锋枪是 MP38 冲锋枪的改进型号，由埃尔玛兵工厂在 1940 年改进而成。MP40 冲锋枪与 MP38 冲锋枪最大的不同为机匣通过冲压加工制成。这种加工方式较铣削加工生产成本更低，生产效率更高，非常适合大规模生产。早期生产的 MP40 冲锋枪弹匣井未进行开孔减重处理，后期生产的则在弹匣井处增加条状加强筋。

弹　　种：9 毫米 ×19 毫米帕拉贝鲁姆手枪弹
全枪长度：832 毫米（枪托展开）
　　　　　630 毫米（枪托折叠）
空枪重量：4.0 千克
供弹方式：弹匣（32 发）
产　　地：德国

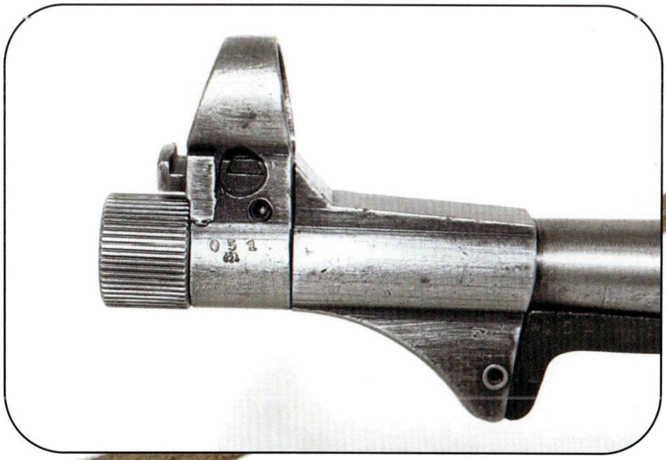

MP40 冲锋枪枪口特写

MP40 冲锋枪的拉机柄与机匣特写

汤普森 M1 冲锋枪

1942 年，美国对汤普森 M1928A1 冲锋枪进行简化，简化后的型号被称为“汤普森 M1 冲锋枪”。汤普森 M1 冲锋枪采用自由枪机式自动工作原理。与汤姆森 M1928A1 顶部拉机柄设计不同，汤普森 M1 冲锋枪的拉机柄位于机匣右侧，因此极易分辨。汤姆森 M1 冲锋枪的机械瞄具由片状准星和觇孔式照门组成，照门为固定式。

弹　　种： 0.45 英寸柯尔特自动手枪弹
全枪长度： 811 毫米
空枪重量： 4.8 千克
供弹方式： 弹匣（20 发、30 发）
产　　地： 美国

PPsh-41 冲锋枪

PPsh-41 冲锋枪也称“波波沙 41 冲锋枪”，是苏联枪械设计师格奥尔基·谢苗诺维奇·斯帕金在 1939 年设计的冲锋枪，于 1941 年装备苏军。PPsh-41 冲锋枪整枪共 87 个零件，大部分零部件采用冲压工艺制成，生产工艺简单，适合大量生产和装备。PPsh-41 冲锋枪的枪托由木质材料制成，方便射手进行抵肩射击。

弹　　种： 7.62 毫米 ×25 毫米托卡列夫手枪弹
全枪长度： 838 毫米
空枪重量： 3.64 千克
供弹方式： 弹匣（35 发）、弹鼓（71 发）
产　　地： 苏联

PPS-43 冲锋枪

在 1942 年的列宁格勒战役中，列宁格勒兵工厂的设计师阿里克谢·苏达洛夫使用制作武器的边角料设计制造出一款新型冲锋枪，被称为“PPS-42 冲锋枪”。1943 年，苏达洛夫对 PPS-42 冲锋枪进行精简设计，其改进型 PPS-43 冲锋枪以最快的速度装备苏军并投入使用。PPS-43 冲锋枪采用自由枪机式自动工作原理、开膛待击式结构设计，保险机构位于扳机护圈前方，射手使用食指拨动即可完成保险的锁定与解除动作，使用方便且操作可靠。

弹　　种： 7.62 毫米 ×25 毫米 托卡列夫手枪弹

全枪长度： 889 毫米

空枪重量： 3.36 千克

供弹方式： 弹匣（35 发）

产　　地： 苏联

司登冲锋枪

1941年初,英国设计师雷金纳德·舍费尔德、哈罗德·图平设计出一款简易的冲锋枪,命名为“Sten”,中文通常音译为“司登”。司登冲锋枪采用自由枪机式自动工作原理、开膛待击式结构设计,在制作工艺方面大量使用冲压与焊接工艺,制作成本低,适合大规模装备。但由于保险机构简陋,司登冲锋枪的安全性非常不理想,极易走火,因此被英军士兵称为“臭气枪”。

●第二次世界大战中，司登冲锋枪的总产量约在 400 万支，陪伴英军经历了整个二战。

弹　　种：	9 毫米 ×19 毫米帕拉贝鲁姆手枪弹
全枪长度：	895 毫米
空枪重量：	2.95 千克
供弹方式：	弹匣（32 发）
产　　地：	英国

M3 冲锋枪

M3 冲锋枪是美国通用汽车内陆分公司设计师乔治·海德与费雷德里克·辛普森应美国军方的要求设计的一款冲锋枪型号。这款冲锋枪采用自由枪机式自动工作原理、开膛待击式结构设计。M3 冲锋枪的机匣右侧有一个枪机待击拉柄，是由 9 个零部件组成的回转曲柄，设计较为复杂。在改进型 M3A1 冲锋枪上，这个枪机待击拉柄被取消，枪机上开了一个圆孔，射手只需把手指伸入圆孔将枪机向后拉至固定位，即可使枪机进入待击状态。

●由于 M3 与 M3A1 冲锋枪的外形与一种注油工具非常相似，因此被美军士兵戏称为“注油枪”。

弹　　种：	0.45 英寸柯尔特自动手枪弹
全枪长度：	760 毫米
空枪重量：	3.63 千克
供弹方式：	弹匣（30 发）
产　　地：	美国

斯特林冲锋枪

斯特林冲锋枪是英国在第二次世界大战后为替代司登冲锋枪而研制的冲锋枪型号。这款冲锋枪采用自由枪机式自动工作原理、开膛待击式结构设计，零部件大量使用冲压工艺制成，并包含焊接与铆接工艺，生产成本得到有效降低，生产效率则被提高，适合大规模生产和装备。此外，斯特林冲锋枪可进行全自动或半自动射击，发射模式可通过快慢机进行调节，使用方便且操作可靠。

弹　　种：	9 毫米 ×19 毫米帕拉贝鲁姆手枪弹
全枪长度：	711 毫米
空枪重量：	2.7 千克
供弹方式：	弹匣（34 发）
产　　地：	英国

“蝎”式 Vz.61 冲锋枪

“蝎”式 Vz.61 冲锋枪是捷克斯洛伐克枪械设计师米洛斯拉夫·里巴兹从 1959 年开始研制的一款微型冲锋枪型号，于 1961 年被捷克斯洛伐克军队采用。“蝎”式 Vz.61 冲锋枪采用自由枪机式自动工作原理，子弹击发后可通过火药燃气推动枪机完成开锁、后坐、抽壳、抛壳、复进、推弹入膛、闭锁等动作。此外，“蝎”式 Vz.61 冲锋枪的金属折叠枪托安装在机匣后方，展开后可进行抵肩射击。

弹　　种： 7.65 毫米 ×17 毫米手枪弹
全枪长度： 522 毫米
空枪重量： 1.28 千克
供弹方式： 弹匣（10 发、20 发）
产　　地： 捷克斯洛伐克

Uzi 冲锋枪

Uzi 冲锋枪是以色列军队在 20 世纪 50 年代装备的冲锋枪型号。这款冲锋枪采用自由枪机式自动工作原理，零部件大量使用冲压和焊接工艺，以减轻整枪重量与生产成本。为了能够让射手进行抵肩射击，Uzi 冲锋枪设有折叠枪托。此外，Uzi 冲锋枪可进行全自动或半自动射击，射手可通过快慢机对射击模式进行调整。快慢机兼作手动保险。除手动保险外，Uzi 冲锋枪还设有握把保险，松开握把后保险自动锁定，射手能够在枪支膛内有弹的情况下安全携行。

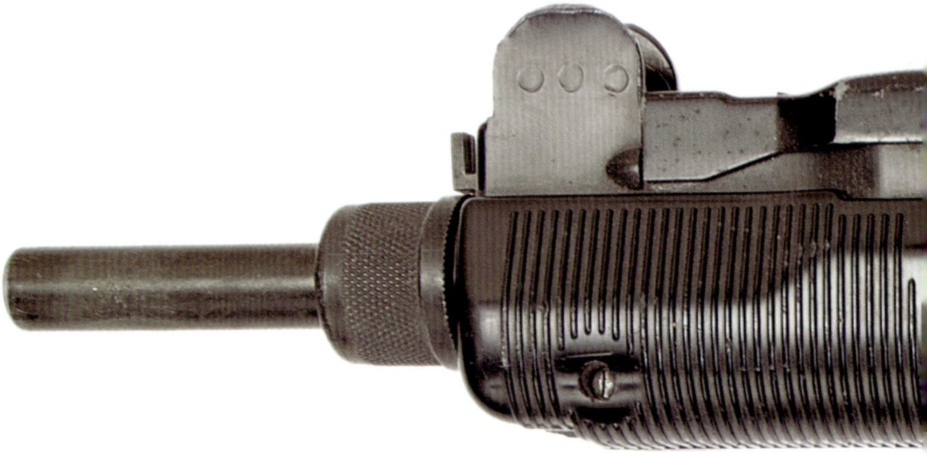

弹　　种：	9 毫米 ×19 毫米帕拉贝鲁姆手枪弹
全枪长度：	640 毫米
空枪重量：	3.7 千克
供弹方式：	弹匣（25 发）
产　　地：	以色列

MINI-Uzi

HK MP5 冲锋枪

HK MP5 冲锋枪是德国黑克勒－科赫公司在 20 世纪 60 年代推出的一系列冲锋枪型号，于 1966 年被德国国境警备队采用。HK MP5 冲锋枪采用半自由枪机式自动工作原理、滚柱式枪机闭锁机构，以及闭膛待击式结构设计。HK MP5 冲锋枪具有多个型号。MP5A1 是该系列冲锋枪的第一个量产型号，这一型号未设枪托，如今比较少见；MP5A2 是 MP5 家族中的固定枪托型号，主图即为 MP5A2；MP5A3 是 MP5 冲锋枪中的伸缩枪托型号；MP5A4 在 MP5A2 的基础上增加三发点射模式；MP5A5 在 MP5A3 的基础上增加三发点射模式，枪托展开时全枪长 692 毫米，枪托收起时全枪长 533 毫米。

MP5A2 型

弹　　种： 9 毫米 ×19 毫米帕拉贝鲁姆手枪弹
全枪长度： 680 毫米
空枪重量： 2.54 千克
供弹方式： 弹匣（30 发）
产　　地： 德国

HK MP5SD 冲锋枪

HK MP5SD 冲锋枪是德国黑克勒-科赫公司为 MP5 冲锋枪研制的一系列消音型号冲锋枪，与 MP5 冲锋枪的主要区别只在于消音型枪管较短并在枪管外套有一个“大号”消声器。HK MP5SD 冲锋枪的型号划分与 MP5 冲锋枪基本相同。MP5SD1 为无枪托型号；MP5SD2 为固定枪托型号；MP5SD3 为伸缩枪托型号；MP5SD4 是 MP5SD1 的三发点射改进型号，增设三发点射模式；MP5SD5 在 MP5SD2 的基础上增设三发点射模式，是固定枪托型号；MP5SD6 在 MP5SD3 的基础上增设三发点射模式，是伸缩枪托型号，枪托展开时全枪长 804 毫米，枪托收起时全枪长 652 毫米。

MP5SD2 型

弹　　种：	9 毫米 ×19 毫米帕拉贝鲁姆手枪弹
全枪长度：	780 毫米
空枪重量：	3.1 千克
供弹方式：	弹匣（30 发）
产　　地：	德国

HK MP5K 冲锋枪

HK MP5K 冲锋枪是德国黑克勒－科赫公司在 1976 年推出的，是以 MP5 冲锋枪为基础设计的短枪管型冲锋枪。这款冲锋枪的枪管仅有 115 毫米，采用半自由枪机式自动工作原理、滚柱式枪机闭锁机构。HK MP5K 冲锋枪采用折叠枪托设计，展开枪托即可进行抵肩射击。为了保证射击时的稳定性，护目下方装有一个前握把。前握把前方设有一个向下延伸的凸块，防止射手在夜晚或光照条件不良的环境中握持时误将手指伸到枪管前方。

弹　　种： 9 毫米 ×19 毫米帕拉贝鲁姆手枪弹
全枪长度： 325 毫米
空枪重量： 2 千克
供弹方式： 弹匣（15 发、30 发）
产　　地： 德国

FN P90 冲锋枪

1986 年，FN 公司开始了对个人防卫武器（PDW）的研制。新款武器在 1990 年定型，被命名为“P90 冲锋枪”。FN P90 冲锋枪采用自由枪机式自动工作原理，以及无托式布局设计，枪身整体结构特别，弹匣安装在枪口上方并与枪管平行。FN P90 冲锋枪可进行全自动或半自动射击，快慢机共三个挡位，分别为全自动、半自动与手动保险。2005 年，FN 公司在 P90 冲锋枪的基础上推出了民用型 PS90，安装长枪管，主要在北美民间市场进行销售。

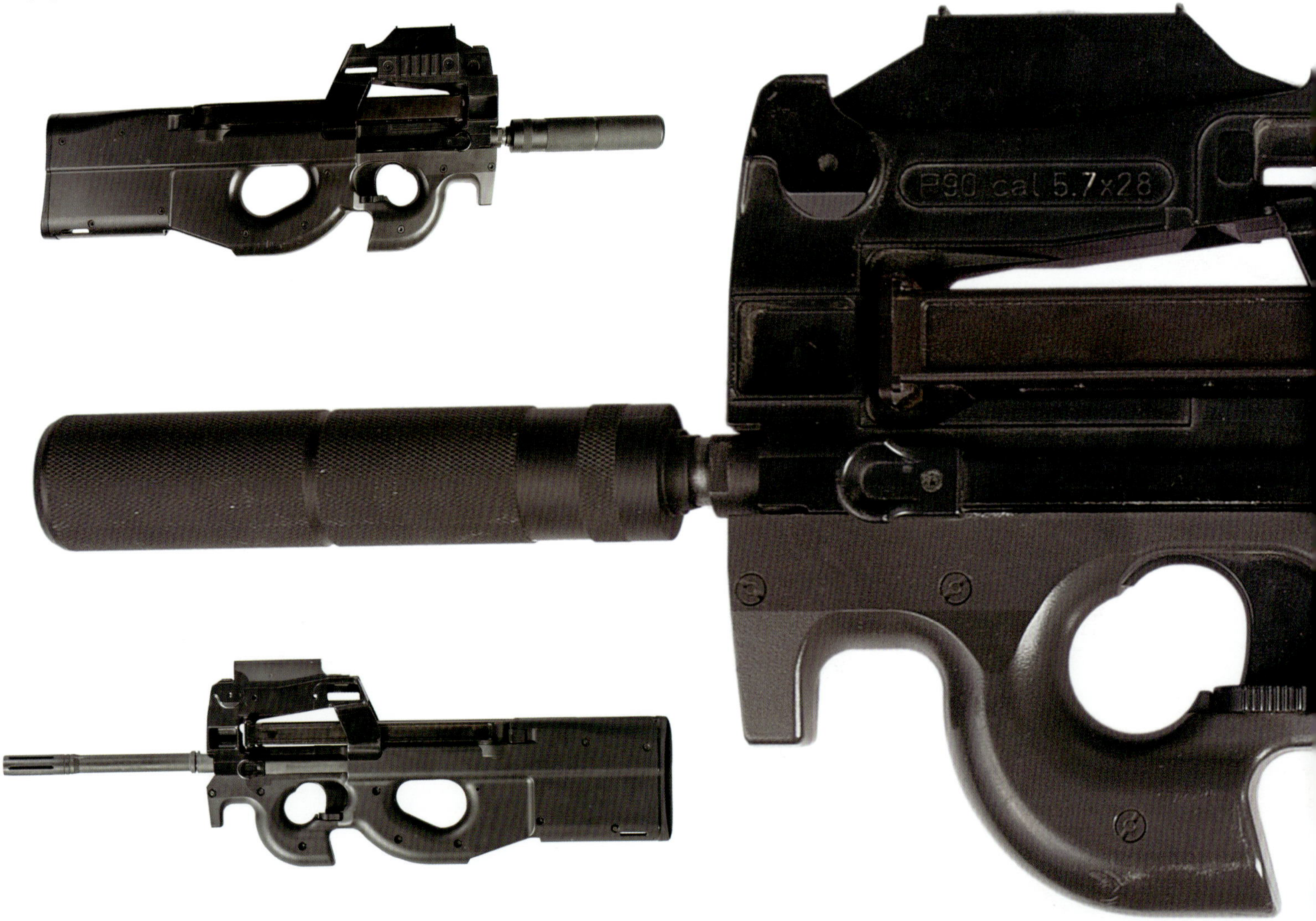

弹　　种：	5.7 毫米 ×28 毫米 SS190 弹
全枪长度：	500 毫米
空枪重量：	2.54 千克
供弹方式：	弹匣（50 发）
产　　地：	比利时

HK MP7A1 冲锋枪

2001 年，德国黑克勒－科赫公司推出了个人防卫武器 MP7 冲锋枪，两年后，又在 MP7 冲锋枪的基础上推出了 MP7A1 冲锋枪。MP7A1 冲锋枪采用导气式自动工作原理、枪机回转式闭锁机构。与 MP7 冲锋枪不同之处在于，MP7A1 冲锋枪设有扳机保险，向后扣压扳机至一段距离后保险解除，扣压至击发位即可击发；松开扳机后，保险则自动锁定，以避免枪支因掉落或撞击而造成意外走火事故。

● MP7A1 冲锋枪主要装备德国国防军、美国海军“海豹六队”以及英国、挪威、爱尔兰、奥地利、阿尔巴尼亚等国家的特种部队。

弹　　种：	4.6 毫米 ×30 毫米冲锋枪弹
全枪长度：	638 毫米（枪托展开）
	415 毫米（枪托收起）
空枪重量：	1.8 千克
供弹方式：	弹匣（20 发、30 发、40 发）
产　　地：	德国

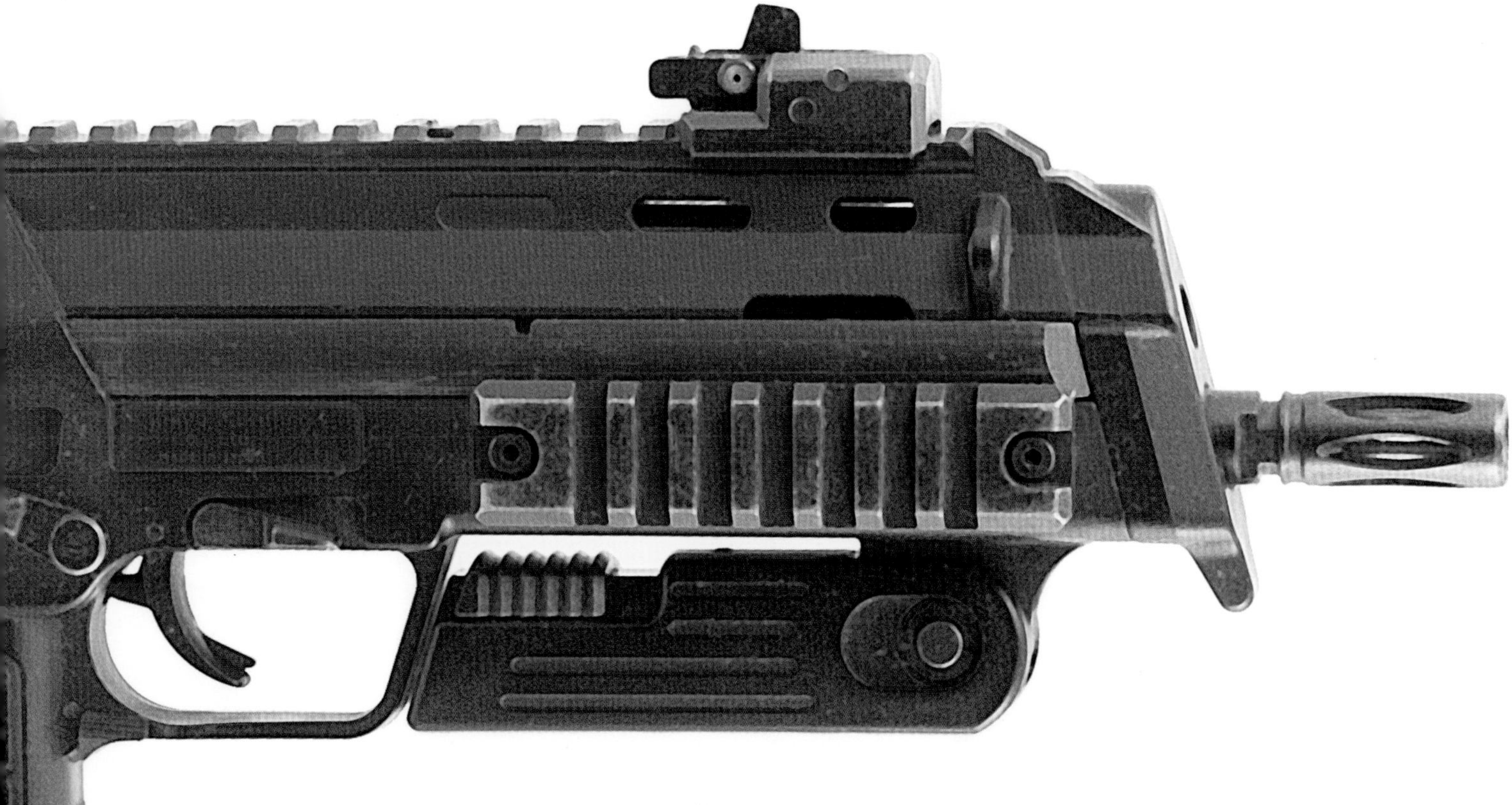

MP7A1 冲锋枪缺口式照门和准星特写

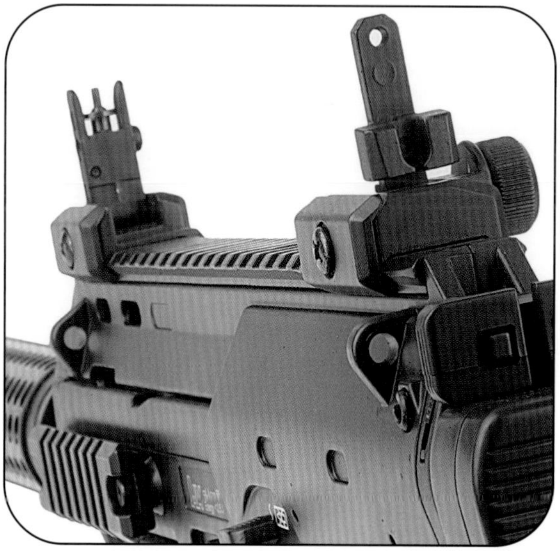

MP7A1 冲锋枪觇孔式照门和准星特写

布鲁加－托梅 APC 冲锋枪

APC 冲锋枪是瑞士布鲁加－托梅（B&T）公司在 2011 年推向国际市场的一款冲锋枪型号。这款冲锋枪采用自由枪机式自动工作原理、闭膛待击式结构设计。布鲁加－托梅 APC 冲锋枪的快慢机位于握把上方的左右两侧，无论是左利手还是右利手都可使用持枪手大拇指来操纵快慢机。快慢机共三个挡位，分别为保险、半自动、全自动。此外，布鲁加－托梅 APC 冲锋枪具有很强的扩展性，机匣顶部与护木两侧、下方都整合有皮卡汀尼导轨，射手可根据需求安装光学瞄具、战术灯、激光指示器、握把等战术附件，同时枪口也能够安装制退器、补偿器、消焰器、消声器等枪口装置，使用方便且操作可靠。

弹　　种： 9 毫米 ×19 毫米帕拉贝鲁姆手枪弹
全枪长度： 597 毫米
空枪重量： 2.5 千克
供弹方式： 弹匣（15 发、20 发、25 发、30 发）
产　　地： 瑞士

Cal. 9x19mm
APC9K
9x19mm

霰弹枪

勃朗宁 Auto-5 霰弹枪

勃朗宁 Auto-5 霰弹枪是美国轻武器设计师约翰·摩西·勃朗宁在 1898 年设计的一款半自动霰弹枪，是世界上第一款大规模量产的半自动霰弹枪。勃朗宁 Auto-5 霰弹枪采用枪管长后坐式自动工作原理，第一发枪弹需要射手拉动拉机柄上膛，之后只需扣动扳机即可将管形弹仓内的枪弹发射出去。在 19 世纪末，杠杆式霰弹枪与泵动式霰弹枪是主流，因此勃朗宁设计的半自动霰弹枪无疑是革命性的。

●在游戏作品《荒野大镖客：救赎 2》中，以勃朗宁 Auto-5 霰弹枪为原型设计的半自动霰弹枪是游戏中最好用的霰弹枪之一，广受玩家们的喜爱。

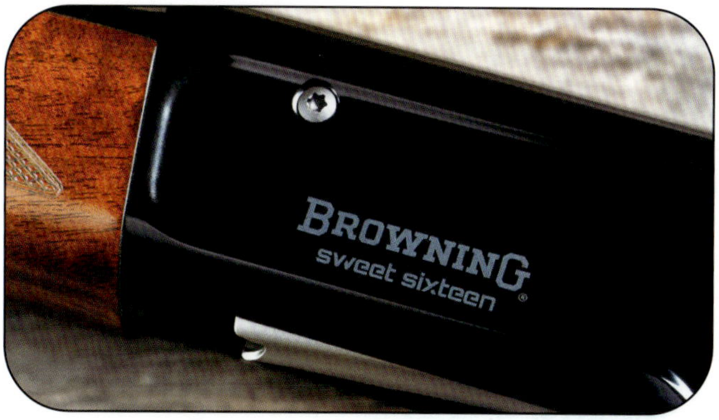

弹　　种：12 号霰弹、16 号霰弹、20 号霰弹
枪管长度：508 毫米（20 英寸型）
660.4 毫米（26 英寸型）
711.2 毫米（28 英寸型）
812.8 毫米（32 英寸型）
供弹方式：管形弹仓（3 发、4 发、5 发）
产　　地：美国

莫斯伯格 500 霰弹枪

莫斯伯格 500 霰弹枪是美国莫斯伯格父子公司（O.F.Mossberg & Sons. In）在 1961 年推出的霰弹枪型号。这款霰弹枪采用泵动式操作原理、卡铁摆动式闭锁机构，射手可通过拉动泵动手柄完成供弹、抛壳等动作，使用方便且操作可靠。莫斯伯格 500 霰弹枪的枪机释放钮位于扳机护圈左侧，手动保险位于机匣后方。总体而言，莫斯伯格 500 霰弹枪坚固耐用，价格合理，被人们广泛用于居家自卫、射击竞赛以及野外狩猎等方面。

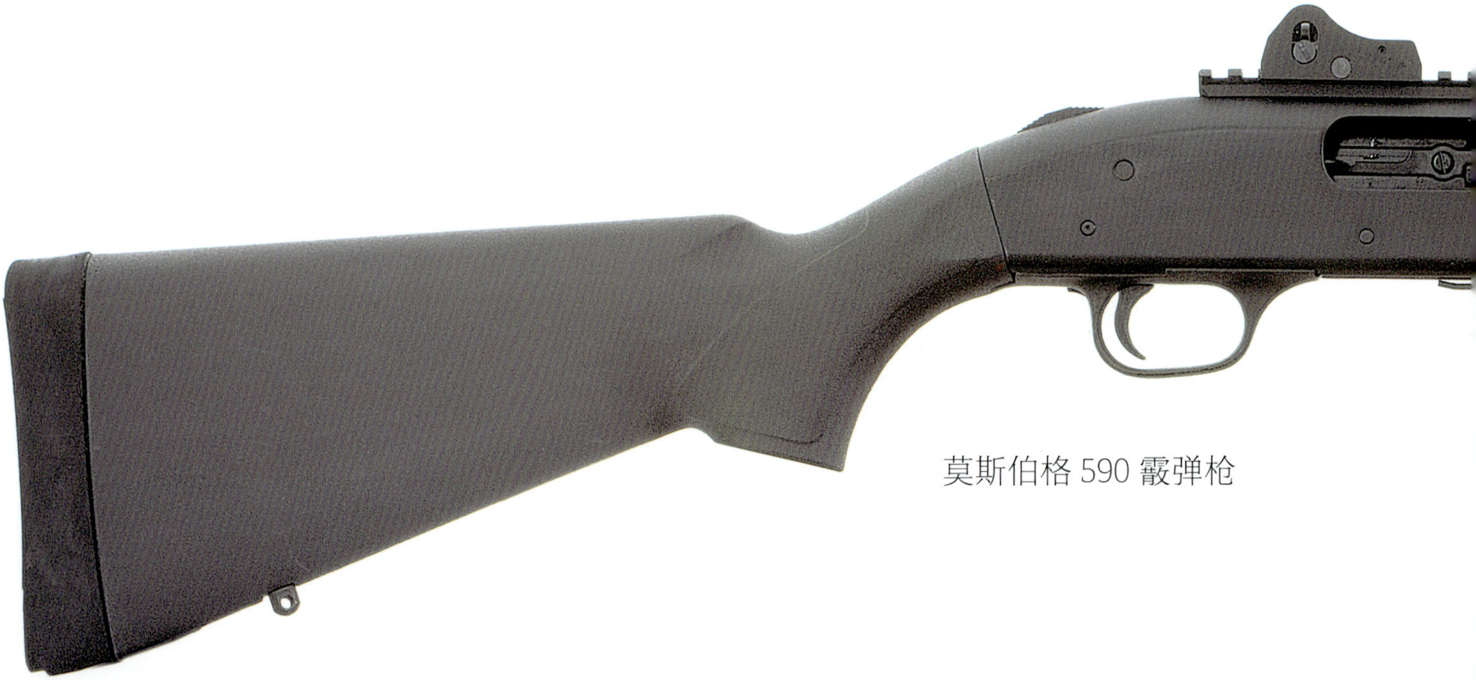

莫斯伯格 590 霰弹枪

弹　　种： 12 号霰弹、16 号霰弹、20 号霰弹
供弹方式： 管形弹仓（5~8 发）
产　　地： 美国

● 莫斯伯格 590 霰弹枪在莫斯伯格 500 霰弹枪的基础上改进而成。这款霰弹枪更换枪管更为容易，管形弹仓也更容易维护。莫斯伯格 590 霰弹枪装备了美国海军陆战队、美军特种部队等多个军种、兵种和单位，并被投入战场，经历实战环境的检验。

伯奈利 M3 霰弹枪

伯奈利 M3 霰弹枪是意大利伯奈利公司推出的一款霰弹枪型号。这款霰弹枪能够在半自动模式与泵动模式中进行转换。转换的方式非常简单，射击模式转换装置在泵动手柄的前端，有一个凸边的转环即射击选择杆，将射击选择杆逆时针转动并向前推，可使前托与枪管连接环闭锁，以进行半自动射击。将伯奈利 M3 霰弹枪切换至泵动式操作也非常简单，只要将射击选择杆逆时针旋转并向后拉动，即可解锁泵动手柄，使其可前后运动，同时锁定惯性簧，使该枪不能自动装填。在泵动操作模式下，射手需要手动完成退壳及上弹动作。

弹　　种：	12 号霰弹
全枪长度：	1040 毫米
空枪重量：	3.4 千克
供弹方式：	管形弹仓（7 发）
产　　地：	意大利

伯奈利 M4 霰弹枪

伯奈利 M4 霰弹枪是意大利伯奈利公司在 20 世纪 90 年代推出的一款半自动霰弹枪型号，主要作为军用武器被投入使用，美军在采用这款武器后将其命名为“M1014 霰弹枪”。伯奈利 M4 霰弹枪采用短行程活塞导气式自动工作原理。枪机回转式闭锁机构。这款霰弹枪的枪托可进行伸缩，枪托贴腮板可左右旋转，方便戴着防毒面具的射手进行贴腮瞄准。伯奈利 M4 霰弹枪的机械瞄具由片状准星和鬼环式照门组成。所谓鬼环式照门是指直径较大的觇孔式照门，多用于霰弹枪。

弹　　种：	12 号霰弹
全枪长度：	1010 毫米
空枪重量：	3.8 千克
供弹方式：	管形弹仓（6 发）
产　　地：	意大利

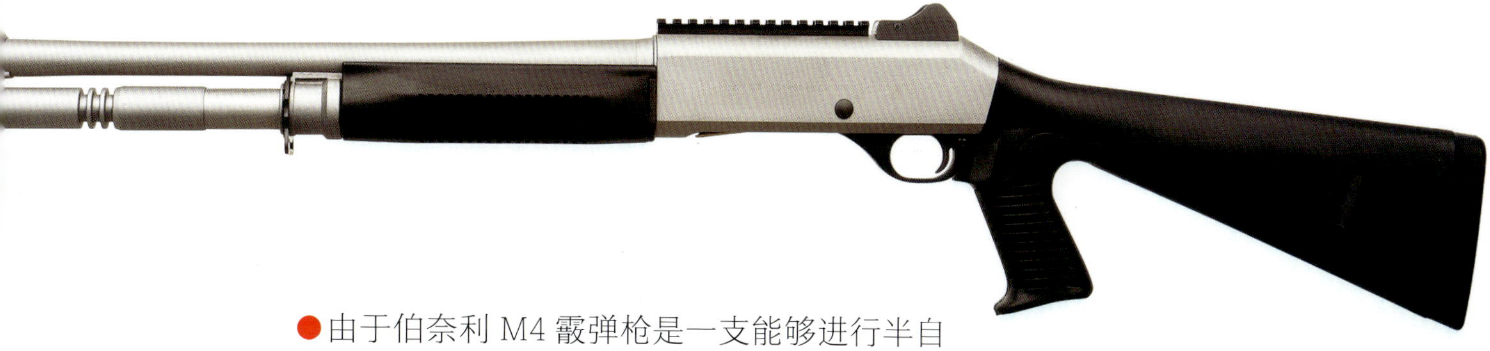

●由于伯奈利 M4 霰弹枪是一支能够进行半自动射击的霰弹枪，因此在游戏作品中被玩家们称为“连喷”。（霰弹枪有着一打一大片的特点，俗称为“喷子”。）

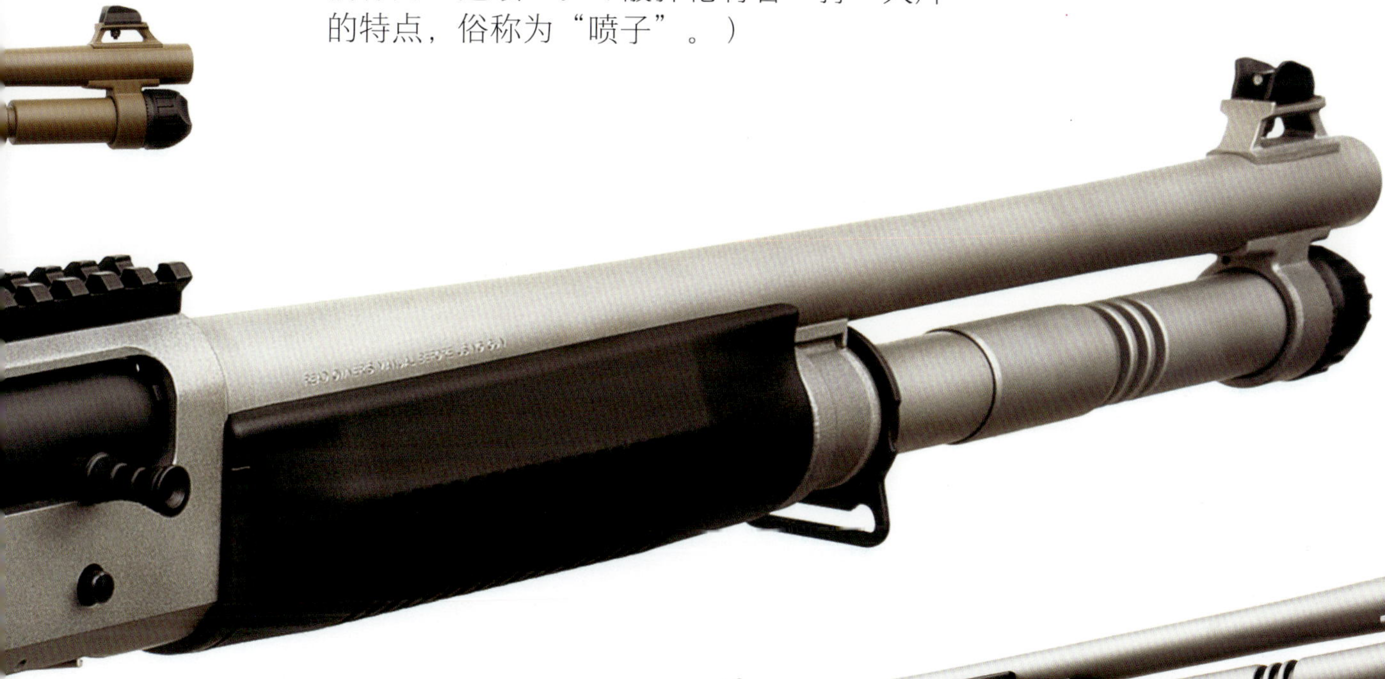

伯奈利“新星”霰弹枪

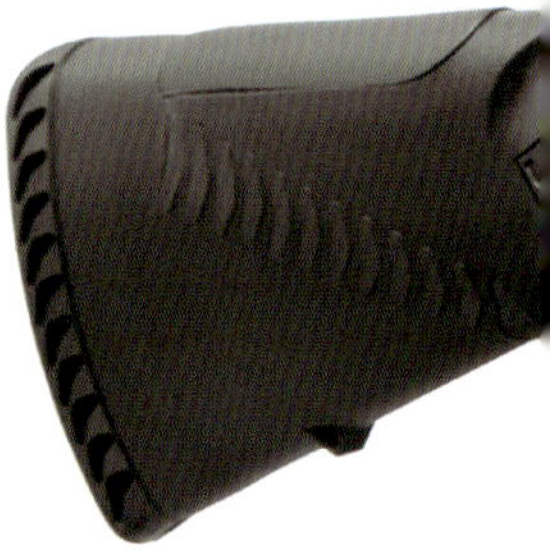

伯奈利“新星”霰弹枪是意大利伯奈利公司在20世纪90年代后期推出的一款泵动式霰弹枪，主要销往执法机构或民间市场。伯奈利“新星”霰弹枪采用泵动式操作方式、枪机回转式闭锁系统，通过枪机头的两个闭锁凸榫与枪管节套内的闭锁面实现开、闭锁动作。伯奈利“新星”霰弹枪的机械瞄具由片状准星和鬼环式照门组成，准星与照门后端都设有荧光点，方便射手在光照条件不良的环境中瞄准射击。

弹　　种：	12号霰弹
全枪长度：	1055毫米
空枪重量：	3.1千克
供弹方式：	管形弹仓（6发）
产　　地：	意大利

Saiga-12 霰弹枪

Saiga-12 霰弹枪是俄罗斯伊兹马什公司在 20 世纪 90 年代初以 AK 系列突击步枪为基础设计生产的半自动霰弹枪型号，被俄罗斯执法机构或私人安全服务机构广泛使用。Saiga-12 霰弹枪采用长行程活塞导气式自动工作原理、枪机回转式闭锁机构，导气装置位于枪管上方。Saiga-12 霰弹枪的机匣由金属板冲压而成，机械瞄具则由柱形准星和缺口式照门组成，照门可前后调节，机匣左侧可安装瞄准镜座，使用方便且操作可靠。

弹　　种：	12号霰弹
全枪长度：	1145毫米
空枪重量：	3.6千克
供弹方式：	弹匣（5发、8发）、弹鼓（12发、20发）
产　　地：	俄罗斯

Vepr-12 霰弹枪

Vepr-12 霰弹枪是俄罗斯莫洛特公司推出的一款半自动霰弹枪型号。这款霰弹枪的内部结构与 AK 系列突击步枪基本相同，采用长行程活塞导气式自动工作原理、枪机回转式闭锁机构，通过机头的闭锁凸榫和闭锁斜面啮合来完成开、闭锁动作。Vepr-12 霰弹枪具有优秀的扩展性，其机匣顶端、护木底端以及枪管底端部分都整合有皮卡汀尼导轨，射手可根据作战需求安装光学瞄具、握把、战术灯以及激光指示器等战术附件。

弹　　种： 12号霰弹
全枪长度： 1057毫米
空枪重量： 3.9千克
供弹方式： 弹匣（2发、5发、8发、10发、12发）
弹鼓（20发、25发）
产　　地： 俄罗斯

史密斯-韦森 M&P12 霰弹枪

史密斯-韦森 M&P12 霰弹枪是史密斯-韦森公司推出的一款泵动式霰弹枪。不同于多数霰弹枪的有托式布局，史密斯-韦森 M&P12 霰弹枪大胆地采用无托式设计。所谓无托式并非没有枪托，而是将机匣当作枪托，如此设计可以在保证枪管长度的同时缩短整枪长度，方便射手在狭窄地形机动。因此，在室内近距离战斗（CQB）中，史密斯-韦森 M&P12 霰弹枪是一支绝佳的利器。

弹　　种： 12 号霰弹
全枪长度： 706 毫米
空枪重量： 3.7 千克
供弹方式： 管形弹仓
产　　地： 美国

图书在版编目（CIP）数据

世界轻武器. 手枪、机枪、冲锋枪、霰弹枪 / 罗兴编著. -- 长春：吉林美术出版社, 2024.4
ISBN 978-7-5575-8893-9

Ⅰ. ①世… Ⅱ. ①罗… Ⅲ. ①轻武器－介绍－世界②枪械－介绍－世界 Ⅳ. ①E922

中国国家版本馆CIP数据核字(2024)第080694号

世界轻武器 手枪、机枪、冲锋枪、霰弹枪

SHIJIE QINGWUQI SHOUQIANG、JIQIANG、CHONGFENGQIANG、XIANDANQIANG

编　　著 罗　兴
责任编辑 陶　锐
开　　本 720mm×920mm　1/12
印　　张 15
字　　数 75千字
版　　次 2024年4月第1版
印　　次 2024年4月第1次印刷
出版发行 吉林美术出版社
地　　址 长春市净月开发区福祉大路5788号
　　　　 邮编：130118
网　　址 www.jlmspress.com
印　　刷 小森印刷（北京）有限公司

ISBN 978-7-5575-8893-9　　定价：58.00 元